和工会干部谈谈
新质生产力

黄燕芬　杨宜勇　著

中国工人出版社

目 录

CONTENTS

|第一章|

深刻把握新质生产力的科学内涵

新质生产力由技术革命性突破、生产要素创新性配置、产业深度转型升级而催生，以劳动者、劳动资料、劳动对象及其优化组合的跃升为基本内涵，以全要素生产率大幅提升为核心标志，特点是创新，关键在质优，本质是先进生产力。2023 年 9 月，习近平总书记在黑龙江考察调研期间首次提到新质生产力，强调要“积极培育新能源、新材料、先进制造、电子信息等战略性新兴产业，积极培育未来产业，加快形成新质生产力，增强发展新动能”。习近平总书记关于发展新质生产力的重要指示精神，进一步丰富了习近平经济思想，实现了对马克思主义生产力理论的创新发展，对于积极应对新时代我国社会主要矛盾具有重要意义，为推动经济高质量发展指出了发展方向。

一、新质生产力丰富了习近平经济思想的内涵

2017 年 12 月 18 日至 20 日，中央经济工作会议召开，

会议提出了习近平新时代中国特色社会主义经济思想。会议强调推动高质量发展是当前和今后一个时期确定发展思路、制定经济政策、实施宏观调控的根本要求；作出了推动高质量发展的具体部署，提出八项重点任务：深化供给侧结构性改革，激发各类市场主体活力，实施乡村振兴战略，实施区域协调发展战略，推动形成全面开放新格局，提高保障和改善民生水平，加快建立多主体供应、多渠道保障、租购并举的住房制度，加快推进生态文明建设。习近平经济思想是习近平新时代中国特色社会主义思想的重要组成部分，是中国共产党不懈探索社会主义经济发展道路形成的宝贵思想结晶，是运用马克思主义政治经济学基本原理指导新时代经济发展实践形成的重大理论成果，是新时代做好经济工作的根本遵循和行动指南。习近平经济思想蕴含着深刻的辩证思维，既是科学的世界观、历史观，又是科学的认识论、方法论。深入学习贯彻习近平经济思想，必须掌握科学的思维方法和工作方法，不断提高领导经济工作的能力和水平。

新质生产力是符合新发展理念的先进生产力质态，发展新质生产力是推动高质量发展的内在要求和重要着力点。习近平总书记关于发展新质生产力的重要指示精神，进一步丰富了习近平经济思想的内涵。2023 年 12 月 11 日至 12 日召开的中央经济工作会议强调，要围绕推动高质量发展，突出重点，把握关键，扎实做好经济工作，并提出九个方面的工作要求。在“以科技创新引领现代化产业体系建设”方面，会议特别强调要以科技创新推动产业创新，特别是以颠覆性技术和前沿技术催生新产业、新模式、新动能，发展新质生产力。2024 年 1 月 31 日，习近平总书记在中共中央政治局第十一次集体学习时强调，高质量发展需要新的生产力理论来指导，而新质生产力已经在实践中形成并展示出对高质量发展的强劲推动力、支撑力。新质生产力是马克思主义生产力理论的创新和发展，凝聚了中国共产党领导推动经济社会发展的深邃理论洞见和丰富实践经验。新质生产力理论丰富和发展了马克思主义政治经济学，是中国经济学自主知识体系的重要组成部分，需要从理论上进行深入总结、概括，用以指导新的发展实践。新质生产力与新发展阶段、新发展理念、新发展格局、高质量发展一道，成为习近平经济思想最鲜活的亮点。

习近平总书记在中共中央政治局第十一次集体学习时的重要讲话，为我们在强国建设、民族复兴的新征程上扎实推动高质量发展提供了行动指南。要深刻领会把握新质生产力的丰富内涵和重大意义，紧紧围绕资源型经济转型、能源革命等重大使命任务，充分发挥比较优势，把加快发展新质生产力的要求部署落到实处，着力塑造我国高质量发展新动能新优势。要深刻领会把握加快发展新质生产力的核心要素和实践路径，坚持以科技创新引领现代化产业体系建设，坚持降碳减污扩绿增长协同推进，加快实现我国经济发展的质量变革、效率变革、动力变革。要深刻领会把握生产关系必须与生产力发展要求相适应的基本规律和科学方法，持续深化改革开放，畅通教育、科技、人才的良性循环，推动创新链、产业链、资金链、人才链深度融合，全力营造一流创新生态，持续激发推动新质生产力加快发展的动力和活力。

中国式现代化是最大的政治，高质量发展是中国式现代化的首要任务。2024 年 3 月 5 日下午，习近平总书记在参加十四届全国人大二次会议江苏代表团审议时强调，要牢牢把握高质量发展这个首要任务，因地制宜发展新质生产力。面对新一轮科技革命和产业变革，我们必须抢抓机遇，加大创新力度，培育壮大新兴产业，超前布局建设未来产业，完善现代化产业体系。发展新质生产力不是忽视、放弃传统产业，要防止一哄而上、泡沫化，也不要搞一种模式。各地要坚持从实际出发，先立后破、因地制宜、分类指导，根据本地的资源禀赋、产业基础、科研条件等，有选择地推动新产业、新模式、新动能发展，用新技术改造提升传统产业，积极促进产业高端化、智能化、绿色化。发展新质生产力是推动高质量发展的内在要求和重要着力点，习近平总书记的重要讲话为发展新质生产力指明了方向，我们必须积极培育新质生产力，赋能高质量发展。

（一）把握好新质生产力的核心要义

新质生产力的核心要义在于创新与发展，它是以科技创新为引擎，以新产业为主导，以产业升级为方向，以提升核心竞争力为目标的生产力形态。

首先，新质生产力强调科技创新的引领作用。其强调通过整合科技创新资源，推动战略性新兴产业和未来产业的发展，形成具有新质特征的生产力。这种生产力不再依赖传统的要素投入和数量扩张，而是通过技术创新、产业创新推动经济的质量变革、效率变革和动力变革。其次，新质生产力注重产业结构的优化升级。它要求传统产业进行高新科技化改造，提升传统产业的技术含量和附加值，同时积极培育和发展新兴产业，特别是那些具有高技术含量、高附加值、高成长性的产业，以构建现代化经济体系。再次，新质生产力还关注劳动者的素质提升和技能培养。劳动者作为生产力的重要组成部分，其素质和能力直接影响着生产力的发展水平。因此，新质生产力要求加大对劳动者的教育和培训投入，提高劳动者的科技素养和创新能力，以适应新产业、新业态的发展需求。最后，新质生产力追求经济效益和社会效益的统一。它要求在推动经济发展的同时，注重对生态环境的保护和资源的合理利用，实现经济社会的可持续发展。新质生产力的核心要义在于以科技创新为驱动，优化产业结构，提升劳动者素质，实现经济社会可持续发展。这种新型的生产力形态对于推动我国经济高质量发展具有重要意义。

（二）深刻领悟新质生产力与高质量发展的关系

新质生产力与高质量发展之间存在着紧密的联系和相互促进、相互支撑的关系。习近平总书记指出："发展新质生产力是推动高质量发展的内在要求和重要着力点。"习近平总书记的重要论述，深刻阐明了发展新质生产力和推进高质量发展的辩证统一关系。

首先，新质生产力是推动高质量发展的核心动力。新质生产力强调创新、协调、绿色、开放、共享的新发展理念，注重科技创新、产业创新、管理创新等多方面的创新，通过提升生产效率、优化资源配置、推动产业升级等方式，为高质量发展提供强大的动力支持。高质量发展能够为新质生产力发展提供广阔空间和有利条件。推进高质量发展必然要加大对科技创新、人才培养、基础设施建设等方面的投入，也必将激发多样化、高品质的需求，为新质生产力发展提供更多机遇和条件。其次，高质量发展是新质生产力发展的目标和方向。高质量发展要求经济、社会、环境等多方面实现协调发展，追求质量效益的提升和可持续发展。而新质生产力的发展正是为了实现这一目标，通过推动产业转型升级、提升产品和服务质量、改善生态环境等方式，促进经济社会的全面进步。发展新质生产力作为实现高质量发展的引领性力量，也是关键路径和动力支撑，有助于提高生产效率和资源利用效率，加快推进产业转型升级、构建现代化产业体系，提高经济发展的质量和效益。最后，新质生产力与高质量发展相互促进、共同提升。新质生产力的发展不断提升经济发展的质量和效益，为高质量发展提供了坚实的物质基础和技术支撑。同时，高质量发展对新质生产力提出了更高的要求，推动了新质生产力的不断创新和发展。在实际应用中，我们可以看到新质生产力在推动高质量发展方面的积极作用。例如，通过发展数字经济、人工智能等新兴产业，推动传统产业转型升级，提升产业的整体竞争力；通过加强科技创新和人才培养，提高产品和服务的科技含量和附加值；通过推进绿色发展和可持续发展，改善生态环境，提升人民的生活质量。新质生产力与高质量发展是相互促进、共同发展的关系，我们应该把握新质生产力的科学内涵，以新质生产力的发展推动高质量发展的实现。

（三）深刻领悟新质生产力与全面深化改革开放的关系

新质生产力与全面深化改革开放之间存在紧密的联系。坚持改革开放，是中国共产党在社会主义初级阶段基本路线的两个基本点之一，是党的十一届三中全会以来我国进行社会主义现代化建设的总方针、总政策，是强国之路，是党和国家发展进步的活力源泉。改革，即对内改革，就是在坚持社会主义制度的前提下，自觉地调整和改革生产关系同生产力、上层建筑同经济基础之间不相适应的方面和环节，促进生产力的发展和各项事业的全面进步，更好地实现广大人民群众的根本利益；开放，即对外开放，是加快我国现代化建设的必然选择，符合当今时代的特征和世界发展的大势，是必须长期坚持的一项基本国策。只有坚持全面深化改革开放，才能不断释放新质生产力的巨大潜能，为实现中华民族伟大复兴的中国梦提供强大动力。

新质生产力与高水平开放，这两者看似不同，实则紧密相连。新质生产力，是一种涉及领域新、技术含量高、依靠创新驱动的生产力，它代表了生产力的跃迁，是科技创新在其中发挥主导作用的体现。这种生产力具有高效能、高质量特征，摆脱了传统增长路径，符合高质量发展的要求。在新质生产力的推动下，我们能够形成新的产业优势，构筑新的竞争优势，赢得发展的主动权。而高水平开放意味着我们需要在更大范围、更宽领域、更深层次上进行对外开放。这不仅是对发达国家的开放，更是对发展中国家的开放，通过积极推进区域合作，参与区域经济一体化，扩大我们的“朋友圈”。同时，高水平开放也要求我们实现从引进来到引进来和走出去并重的转变，形成市场、资源能源、投资等多方面的深度融合开放发展新局面。这两者之间的关系在于，新质生产力的发展需要高水平开放的环境来支持。通过高水平开放，我们可以引进更多的先进技术和管理经验，为新质生产力的发展提供源源不断的动力。同时，新质生产力的发展也能够推动高水平开放的进一步深化，通过形成新的产业优势和竞争优势，吸引更多的国际资源和合作，实现互利共赢。总的来说，新质生产力与高水平开放是相互促进、相互依存的关系。在未来的发展中，我们需要继续深化高水平开放，推动新质生产力的不断发展，为我国经济的持续健康发展提供强大的动力。

（四）深刻领悟新质生产力与安全发展的关系

新质生产力与安全发展是相辅相成的。新质生产力的发展不仅意味着技术、产业和管理的全面升级，更代表着对社会生产力和生产效率的深刻变革。随着科技的不断进步，新质生产力为我们带来了更多的发展机遇，但同时也带来了新的安全挑战。

安全发展是新质生产力持续健康发展的前提和保障。没有安全保障，新质生产力的发展就会受到严重制约。因此，在推动新质生产力发展的同时，我们必须高度重视安全发展，确保新质生产力的安全可控。一方面，新质生产力的发展需要依托先进的安全技术和管理手段，防范和化解各类安全风险。通过加强网络安全、数据安全、生产安全等方面的建设，为新质生产力的发展提供坚实的安全保障。另一方面，新质生产力的发展也要注重提高社会的整体安全水平。通过推动产业升级、优化经济结构、加强社会治理等方式，提升社会的整体安全治理能力，为新质生产力的发展创造更加稳定的社会环境。新质生产力与安全发展是密不可分的。我们应该在推动新质生产力发展的同时注重安全发展，确保新质生产力的健康、稳定、可持续发展。

二、新质生产力与新型生产关系

（一）生产力与生产关系

生产力与生产关系是一个孪生的概念，新质生产力一旦涌现，必须实施建立新型生产关系，两者相互促进，缺一不可。没有新型生产关系的调整，新质生产力很难长驱直入，突飞猛进。

1. 什么是生产力

生产力是人类利用自然、征服自然的能力，它体现了人们生产物质资料时与自然对象和自然力的关系，展示了生产过程中人与自然之间的互动。按照恩格斯的理解，生产力是由具有劳动能力的人和生产资料相结合而形成的改造自然的能力。简言之，生产力是人们实际进行生产活动的能力，以及这种活动所产生的结果，即劳动产物。生产力决定生产关系。

生产力的概念可以从多个维度进行解析。从横向上看，生产力可分为个人生产力、企业生产力和社会生产力；从纵向上看，生产力有短期和长期之分；从层次角度来看，生产力又可分为物质生产力和精神生产力。生产力系统是由劳动者、劳动工具、劳动对象以及社会文化制度体制环境等要素组成的，这些要素之间的关系构成了生产力系统的结构。

随着时代的发展，生产力的内涵也在不断深化和拓展。新型的生产力，如绿色生产力、智能生产力等，正逐渐崭露头角，成为推动社会进步和经济发展的重要力量。这些新型的生产力不仅关注经济效益，更强调生态效益和社会效益，致力于实现人与自然的和谐共生和可持续发展。总的来说，生产力是一个复杂而多维的概念，它涉及人类生产活动的各个方面，是推动社会进步和经济发展的重要基础。

2. 什么是生产关系

生产关系是指人们在物质生产过程中形成的社会经济关系，这是马克思、恩格斯提出的标志历史唯物主义形式的基本概念。生产关系与生产力的相互作用构成生产方式，决定着社会的性质和面貌，是区分不同社会形态的基本标志。生产关系对生产力具有反作用。

生产关系包括生产资料所有制的形式、人们在生产中的地位和相互关系，以及产品分配的形式等。其中，生产资料所有制的形式是最基本的，起决定作用的。这些关系在物质生产过程中不断发展和变化，并且随着物质生产资料和生产力的变化而有所调整。

在小微企业中，生产关系具体表现为企业资源拥有者和参与者在企业经营过程中形成的股权结构（生产资料归谁所有）、企业组织架构以及上下游供应链关系（生产中人与人的关系），以及企业利润分配方案、员工薪酬体系和上下游价格体系（产品如何分配）等。总之，生产关系是一个复杂而多维的概念，它涉及人们在物质生产过程中的各个方面，并随着社会历史的发展而不断演变。

3. 生产力与生产关系的相互作用

生产力与生产关系之间的相互作用是一个深刻且复杂的历史唯物主义问题。这两者之间的关系可以理解为相互依存、相互制约，并在一定条件下相互转化。

首先，生产力决定生产关系。生产力是人类社会生产活动的物质内容，它的发展水平直接决定了生产关系的性质和形式。随着生产工具的改进、生产技术的提高和劳动者素质的提升，生产力不断发展，进而推动生产关系的变革。例如，在工业革命时期，机器生产取代了手工劳动，导致了资本主义生产关系的形成。其次，生产关系对生产力具有反作用。生产关系作为生产的社会形式，是人们在生产过程中结成的经济关系。它既可以适应生产力的发展要求，推动生产力的进步；也可以成为生产力发展的桎梏，阻碍生产力的提升。当生产关系适应生产力的发展要求时，它能够激发劳动者的积极性和创造性，促进生产力的快速发展；反之，当生产关系不适应生产力的发展要求时，它就会成为生产力发展的障碍，甚至导致社会动荡和变革。此外，生产力与生产关系的相互作用还体现在它们之间的矛盾运动中。这种矛盾运动是推动社会历史发展的根本动力。在矛盾运动中，生产力和生产关系不断适应、调整、变革，从而推动社会形态的更替和历史的发展。

生产力与生产关系的相互作用是一个动态的过程，它们在社会历史发展中相互影响、相互制约。对于这一问题的深入研究，有助于我们更好地理解社会历史发展的规律，指导我们进行社会主义建设和改革。

（二）新质生产力与传统生产力

1. 什么是传统生产力

传统生产力，主要是指人类改造自然和征服自然的能力。在传统生产力的观念中，人类与自然被置于一种对立的位置，过分强调人类的主观能动性，而忽视甚至无视自然界的客观规律。这种观念将生产力主要理解为人类对自然的“征服”、“控制”或“支配”，过分强调对自然物质资料的索取，而忽视了人与自然之间的辩证关系。

传统生产力概念的内涵在不同资料中略有差异，但基本上包括人类在生产过程中改造和控制自然的客观物质力量，或者更广义地说，是人类改造和控制自然的物质的和精神的、现实的和潜在的各种能力的总和。然而，随着对人与自然关系认识的深化，人们开始逐渐摒弃这种人与自然对立的发展观念，转向追求人与自然和谐相处、协调发展的绿色生产力观念。这种转变反映了人类对于自身与自然关系的新认识，以及对世界看法的转变，从简单、形而上学的视角转向普遍联系和辩证的观点。总的来说，传统生产力以人类为中心，强调对自然的征服和控制；而现代生产力观念则更加注重人与自然的和谐共生，追求可持续发展。

2. 什么是新质生产力

新质生产力，是指新的高水平的现代化生产力。它具备新类型、新结构、高技术水平、高质量、高效率以及可持续等特性。与传统的生产力相比，新质生产力的技术水平更高、质量更好、效率更高，并且更加可持续。它代表了以前没有的新的生产力的种类和结构，是人类社会在科技进步和社会发展下形成的更为先进和高效的生产力形态。

新质生产力的出现，不仅推动了产业升级和科技创新，还有助于解决资源环境约束问题，提升国际竞争力，并推动经济社会的全面协调发展。在现代社会中，新质生产力的发展对于实现高质量发展、推动经济转型升级以及实现可持续发展具有至关重要的作用。

新质生产力是由技术革命性突破、生产要素创新性配置、产业深度转型升级而催生的当代先进生产力，它以劳动者、劳动资料、劳动对象及其优化组合的质变为基本内涵，以全要素生产率提升为核心标志。新质生产力有别于传统生产力，涉及领域新、技术含量高，依靠创新驱动是其中关键，新质生产力代表一种生产力的跃迁，它是科技创新在其中发挥主导作用的生产力。

新质生产力的理论研究涉及多方面的内容。首先，新质生产力是相对于传统生产力而言的，它表现为构成生产力的各种要素的质的变化，是一种生产力的巨大跃迁。新质生产力的主要特征包括颠覆性创新驱动、产业链条新、发展质量高等，同时，在当前新一轮科技革命和产业变革背景下，新质生产力还具有数字化、绿色化的时代特征。其次，新质生产力的形成和发展，是生产力发展和科技进步的产物，是人类改造自然能力的体现。它由技术革命性突破、生产要素创新性配置、产业深度转型升级而催生，以劳动者、劳动资料及其优化组合的跃升为基本内涵，以全要素生产率大幅提升为核心标志。再次，从发展趋向来看，新质生产力的提出深入揭示了生产力量变提速、质变增频的复杂动因，反映了“科学力量全面融入社会生产力”的世界大势和历史潮流。随着数字化绿色化转型提速，战略性新兴产业和未来产业加快发展，新质生产力的产业载体不断壮大。要遵循生产力发展的客观规律，坚持创新驱动，加快形成新质生产力，从而有力支撑现代化产业体系构建和高质量发展。最后，新质生产力的“新”体现在多个方面：一是技术创新驱动下的产业创新，强调科技创新在物质生产中的主导作用，以及新技术、新产业、新模式和新动能的产生。二是质量上的提升，包括提高生产工艺和产品品质，迈向产业链和价值链的高端，以及提高经济社会发展的质量和效益。新质生产力的最终落脚点是生产力，即人类改造自然的能力，代表着人类改造自然能力的提升。

新质生产力的理论研究不仅是对生产力理论的创新发展，也是对当前科技革命和产业变革背景下生产力发展规律的深刻把握，对于推动高质量发展具有重要的理论和现实意义。

（三）新质生产力理论体系

新质生产力理论体系是一个综合性的理论框架，旨在探讨和解释生产力的新质变革和发展。即如何通过科技创新推动产业创新，从而促进生产力的质的飞跃。该理论体系的核心在于强调科学技术、生产要素和产业等因素在推动生产力发展中的重要作用，并关注劳动者、劳动资料及其优化组合的质变，以及全要素生产率的大幅提升。具体来说，新质生产力理论体系主要包括以下几个方面。

第一，高度重视科学技术的引领作用。新质生产力理论强调科学技术在推动生产力发展中的核心地位。随着科技的进步和创新，新的生产方式、工艺和材料不断涌现，从而极大地提升了生产效率和质量。2013 年 9 月 30 日，习近平总书记在十八届中央政治局第九次集体学习时的讲话中指出：创新驱动是形势所迫。我国经济总量已跃居世界第二位，社会生产力、综合国力、科技实力迈上了一个新的大台阶。同时，我国发展中不平衡、不协调、不可持续问题依然突出，人口、资源、环境压力越来越大。我国现代化涉及十几亿人，走全靠要素驱动的老路难以为继。

物质资源必然越用越少，而科技和人才却会越用越多，因此我们必须及早转入创新驱动发展轨道，把科技创新潜力更好释放出来。新质生产力是一种以创新为核心，以提高全要素生产率为目标的生产力形态。它不同于传统劳动力、资本等生产要素，而是将创新、技术、人才等要素紧密结合，形成一种新生产力。新质生产力具有高度灵活性、智能性和可持续性，是实现经济高质量发展的关键。

第二，强调生产要素的优化配置。除了传统的生产要素，如土地、劳动和资本外，新质生产力理论体系还关注知识、信息、数据等新型生产要素的作用。这些要素的充分利用和优化配置，能够进一步提升生产效率和创新能力。习近平总书记指出："要坚持使市场在资源配置中起决定性作用，完善市场机制，打破行业垄断、进入壁垒、地方保护，增强企业对市场需求变化的反应和调整能力，提高企业资源要素配置效率和竞争力。"首先，要加快发展先进制造、数字信息、高端研发、商务服务等高生产率行业，加快建设实体经济、科技创新、现代金融、人力资源协同发展的产业体系，以高生产率行业替代低生产率行业，实现整个国民经济运行效率提升。其次，要深入推动流通革命，加强智慧流通基础设施建设，拓展流通新技术、新模式、新业态，打通流通“中阻梗”，切实提高流通效率。再次，要推进垄断行业、国有企业和要素市场改革，优化资源配置，提高人力资本素质，激发土地、金融等要素活力，全面提高经济的投入产出效率。最后，要完善对外开放体制机制，对接全球高水平国际贸易投资规则和做法，缩短负面清单长度，加快建设自由贸易港，提高管理能力和贸易投资便利化程度，提升对外开放效率。

第三，驱动产业体系的转型升级。习近平总书记指出：“以科技创新开辟发展新领域新赛道、塑造发展新动能新优势，是大势所趋，也是高质量发展的迫切要求，必须依靠创新特别是科技创新实现动力变革和动能转换。”新质生产力理论体系关注产业的转型升级和结构调整。随着经济的发展和市场的变化，传统产业需要不断升级和转型，以适应新的市场需求和技术趋势。同时，新兴产业的崛起也为生产力的发展提供了新的动力。随着新技术不断涌现，传统产业将逐渐被新产业、新业态所取代。例如，人工智能、大数据等技术的应用，使制造业、服务业等领域发生了翻天覆地的变化。在这一过程中，新质生产力将发挥关键作用，助力传统产业实现质的飞跃。此外，新质生产力还将催生新兴产业发展。以新能源、生物科技、高端制造等为代表的新兴产业，正成为未来经济增长重要引擎。

第四，催生劳动力的变革。习近平总书记指出：“我们要始终高度重视提高劳动者素质，培养宏大的高素质劳动者大军。劳动者素质对一个国家、一个民族发展至关重要。”人是生产力中最活跃的要素。发展新质生产力，需要全面提升劳动者素质，造就一支有理想守信念、懂技术会创新、敢担当讲奉献的宏大产业工人队伍。在新质生产力理论体系中，劳动力的素质和技能也被视为推动生产力发展的重要因素。随着技术的进步和产业的发展，对劳动力的需求也在发生变化，需要不断提升劳动力的素质和技能水平。新质生产力对产业发展的深远影响，也对人才培养提出了更高要求。未来，企业需要更多具备创新精神和实践能力的人才，以适应新质生产力发展需要。为此，教育部门应加大改革力度，培养更多符合时代要求的高素质人才。

第五，加快形成新质生产力，关键在于科技创新和产业升级之间的良性互动。例如，通过互联网和数字技术工具构建的平台经济，传统产业的高新科技化改造和生产体系的数字化、智能化等，都是实现新质生产力发展的途径。此外，提高全要素生产率、提升自主创新能力、深度融入绿色化、打造数字核心技术、释放人才活力等，也是加快形成新质生产力的关键举措。因此，需要我们从政策、制度、投入等多方面给予支持。一方面，政府应加大对科技创新、人才培养等方面投入，完善相关政策，为新质生产力发展创造良好环境。另一方面，企业应积极拥抱新技术、新模式，提高自身创新能力，以适应新质生产力发展要求。

新质生产力理论体系是一个深刻的时代产物，它不仅反映了生产力发展的内在规律，也体现了对当前科技革命和产业变革的深刻把握。这一理论体系对于推动高质量发展具有重要的理论和现实意义。新质生产力理论体系是一个不断发展和完善的理论体系，它旨在揭示生产力发展的新趋势和规律，为经济社会的持续发展提供理论指导和支持。

三、新质生产力理论对实践的指导作用

新质生产力理论是指那些有别于传统生产力的新型生产力，以科技创新为主导，摆脱传统增长路径，符合高质量发展要求的生产力理论。这种理论强调科技创新在推动经济增长和社会进步中的重要作用，是数字时代更具融合性、更体现新内涵的生产力，对于指导新时期的发展实践具有重要意义。首先，新质生产力理论推动了产业升级和科技创新。它鼓励企业加大对科技研发的投入，开发新技术、新产品和新服务，从而提升产业的技术水平和附加值。这不仅有助于优化产业结构，提高经济效益，还能推动中国经济实现高质量发展。其次，新质生产力理论有助于解决资源环境约束问题。传统的发展模式往往以高能耗、高排放为代价，而新质生产力理论强调绿色发展、循环经济和可持续发展，鼓励企业采用更环保、更高效的生产方式，减少对环境的破坏，实现经济效益和生态效益的双赢。再次，新质生产力理论还有助于提升国家的国际竞争力。在全球化的背景下，国家之间的竞争越来越激烈。新质生产

力理论鼓励企业积极参与国际竞争，通过技术创新和品牌建设提升国际影响力，增强中国在全球产业链和价值链中的地位。总的来说，新质生产力理论对中国实践的指导作用是多方面的，它有助于推动中国经济的转型升级和高质量发展，提升国际竞争力，实现可持续发展。

（一）新质生产力语境下的劳动资料

在新质生产力的语境下，劳动资料的研究显得尤为重要。劳动资料作为劳动者在物质生产过程中所运用的物质手段，其变革与发展直接反映了生产力的进步。在新质生产力的推动下，劳动资料正经历着前所未有的创新与发展。

首先，新质生产力强调创新的核心地位，科学技术作为第一生产力，对劳动资料产生了深远影响。随着前沿科技的快速发展，新型劳动工具、设备和技术不断涌现，极大地提高了生产效率和质量。例如，智能制造、自动化生产线等技术的应用，使传统的手工劳动被机器和智能系统所替代，从而大幅提高了劳动生产率。其次，新质生产力对劳动资料的要求也在不断提高。随着生产过程的复杂化和精细化，劳动资料需要更加精准、高效和可靠。这就要求劳动资料的设计、制造和使用都需要具备高度的科技含量和智能化水平。再次，劳动资料还需要具备可持续性和环保性，以适应绿色发展的要求。最后，新质生产力还催生了新型劳动资料的出现。例如，数字化、网络化、智能化等技术的应用，使劳动资料不再局限于传统的物质形态，而向虚拟化和智能化的方向发展。这些新型劳动资料的出现，不仅丰富了劳动资料的形式和内容，也为生产力的发展提供了更加广阔的空间。

在研究新质生产力语境下的劳动资料时，我们需要关注以下几个方面：一是关注前沿科技对劳动资料的影响和推动，二是研究劳动资料的创新与发展趋势，三是探讨劳动资料的可持续性和环保性，四是关注新型劳动资料的出现和应用。通过这些方面的研究，我们可以更好地理解和把握新质生产力对劳动资料的影响和推动作用，为生产力的持续发展提供有力支撑。

（二）新质生产力语境下的劳动对象

在新质生产力的语境下，劳动对象的研究同样具有重要意义。劳动对象作为劳动者在劳动过程中所加工的物质资料，其范围、性质和获取方式都随着生产力的发展而不断变化。

首先，新质生产力扩大了劳动对象的范围。随着科学技术的进步，人类对自然界的认知和利用能力在不断提高，许多以前难以获取或利用的物质资源现在变得触手可及。同时，新型材料、新能源等领域的不断涌现，也为劳动对象提供了新的选择。其次，新质生产力改变了劳动对象的性质。在传统的生产力水平下，劳动对象往往是自然存在的物质，而在新质生产力的推动下，劳动对象逐渐转向信息化、数字化等非物质形态。例如，在数字经济时代，数据作为一种新的劳动对象，已经成为推动经济发展的重要力量。再次，新质生产力还影响了劳动对象的获取方式。随着科技手段的进步，人类获取劳动对象的方式也发生了变化。例如，通过遥感技术、深海探测等手段，人类可以更加高效、精准地获取自然资源；而通过电子商务、物联网等技术，劳动对象的流通和分配也变得更加便捷和高效。

在了解新质生产力语境下的劳动对象时，我们需要关注其变化趋势、影响因素以及对社会经济的影响等。通过深入分析劳动对象的变化规律和发展趋势，我们可以更好地把握新质生产力对劳动对象的影响，从而为优化资源配置、提高生产效率提供有益的参考。

（三）新质生产力语境下的劳动主体

在新质生产力的语境下，劳动主体的研究至关重要。劳动主体，即劳动者，作为生产力发展的核心要素，其素质、能力和结构都直接影响着生产效率和经济发展。

首先，新质生产力对劳动主体的素质提出了更高要求。随着科技的不断进步和产业结构的升级，现代生产对劳动者的知识、技能和创新能力要求越来越高。劳动者需要不断学习并更新知识，掌握新技术和新技能，以适应新质生产力的发展需求。其次，新质生产力推动了劳动主体结构的优化。在新质生产力的推动下，传统产业逐渐转型升级，新兴产业蓬勃发展，这为劳动者提供了更多的就业机会和发展空间。同时，劳动者的职业选择也更加多样化，从传统的体力劳动向脑力劳动、技术性劳动转变。再次，新质生产力还促进了劳动主体之间的协作与互动。在数字化、网络化的生产环境中，劳动者可以通过各种信息交流平台进行知识共享、经验交流和创新合作，从而提高整个劳动主体的协作能力和创新能力。

在了解新质生产力语境下的劳动主体时，我们需要关注其素质提升、结构优化以及协作创新等。通过深入分析劳动主体的变化趋势和发展需求，我们可以为培养高素质劳动者、优化劳动主体结构以及促进劳动主体之间的协作与创新提供有益的建议和策略。

（四）新质生产力语境下的劳动方式

在新质生产力的语境下，劳动方式的研究显得尤为关键。劳动方式作为劳动者与劳动资料结合的方式，其变革与发展不仅直接反映了生产关系的变化，还深刻影响着生产力的提升。

首先，新质生产力推动了劳动方式的智能化和自动化。随着信息技术的飞速发展，人工智能、机器学习等先进技术被广泛应用于生产过程中，使传统的体力劳动逐渐被智能机器所替代。这不仅大幅提高了生产效率，也降低了劳动强度和风险，使劳动者能够从事更为复杂和创造性的工作。其次，新质生产力促进了劳动方式的协作化和网络化。

在数字化、网络化的生产环境中，劳动者可以通过互联网、云计算等技术平台进行远程协作和实时沟通，打破了地域和时间的限制，使生产组织更加灵活高效。同时，这种协作化和网络化的劳动方式也促进了知识的共享和创新，为生产力的提升提供了源源不断的动力。最后，新质生产力还催生了新型劳动方式的出现。例如，共享经济、平台经济等新型经济形态的发展，促使灵活就业、众包等新型劳动方式逐渐兴起。这些新型劳动方式不仅为劳动者提供了更多的就业选择和机会，也为社会经济的发展注入了新的活力。

在新的历史条件下，新质生产力以信息技术等高新技术和现代管理方法为支撑，以知识、信息、文化、制度等生产要素为基础，以人的创造力和创新精神为核心，将对经济理论、经济结构、经济发展、经济政策等产生深远的影响，成为当代经济发展的重要动力和方向。因此，必须认真研究新质生产力的特征、规律和趋势，积极探索新质生产力的培育和发展，不断推动我国经济的持续、健康、快速发展。

| 第二章 |

工人阶级是推动新质生产力发展的主力军

工人阶级作为现代中国社会的重要组成部分，其地位和作用不可忽视，是我国的领导阶级。进入新时代，特别是在推动新质生产力发展方面，工人阶级依然发挥着主力军的作用。其作用主要体现在以下三个方面：第一，工人阶级具有高度的组织性和纪律性。他们通常集中在大型企业和工厂中，便于形成强大的集体力量。这种力量在推动技术进步、优化生产流程和提高生产效率等方面具有显著优势。通过团队协作和集体智慧，工人阶级能够解决生产过程中的复杂问题，推动生产力的快速发展。第二，工人阶级具有强烈的创新意识和实践能力。在生产实践中，他们不断总结经验、探索新的方法和技术，推动生产力的持续创新。这种创新精神不仅体现在对生产工具和技术的改进上，还体现在对生产关系和社会制度的改革上。工人阶级通过自身的努力和实践，为社会的进步和发展作出了巨大贡献。第三，工人阶级还承担着培养新一代劳动者的重任。他们通过言传身教、技能传授等方式，将自身的经验和知识传递给年青一代，为社会的可持续发展提供了有力的人才保障。这种代际传承不仅有助于保持工人阶级的先进性和战斗力，还有助于推动整个社会的进步和发展。然而，要充分发挥工人阶级在推动新质生产力发展方面的主力军作用，还需要加强对其的教育和培训。通过提高工人阶级的文化素质和技术水平，使其更好地适应新技术、新工艺和新设备的要求，进一步提高其生产效率和创新能力。同时，政府和社会各界也应加大对工人阶级的关心和支持力度。通过完善社会保障制度、提高工资待遇、改善工作环境等措施，激发工人阶级的劳动热情和创造力，为其发挥主力军作用提供有力保障。

一、新时代中国工人阶级及其历史担当

（一）新时代中国工人阶级的时代风貌

进入新时代，中国工人阶级在社会、经济和文化等多个领域都展现出了新的面貌和特征。

从社会地位和角色来看，中国工人阶级在国家发展中

扮演着举足轻重的角色。作为社会主义国家的领导阶级，工人阶级在新时代依然保持着其核心地位，并在推动国家现代化建设中发挥着重要作用。随着社会的不断进步和发展，工人阶级的社会地位也得到了进一步提升，其权益保障和福利待遇得到了更好的改善。在新时代，中国工人阶级的社会地位得到了进一步提升。作为社会主义现代化建设的主力军，工人阶级在推动经济发展、社会进步和文化繁荣方面发挥着重要作用。同时，随着社会治理体系的不断完善，工人阶级在社会治理中的参与度和影响力也在逐渐增强。

从经济角度来看，新时代中国工人阶级在产业结构、就业形态和收入水平等方面都发生了显著变化。随着产业结构的调整和升级，工人阶级的就业领域更加广泛，并不局限于传统的制造业和重工业，还涵盖了服务业、信息技术等新兴领域。此外，工人阶级的就业形态也更加多样化，灵活就业、自主创业等新型就业方式逐渐成为主流。在收入水平方面，随着国家经济的持续增长和劳动力市场的不断完善，工人阶级的收入水平也得到了稳步提升。政府也采取了一系列措施来改善工人的社会福利，如提高最低工资标准、加强劳动保障等。

从文化角度来看，新时代中国工人阶级的文化素养和精神面貌也有了显著提升。随着教育水平的提高和社会的进步，工人阶级的文化素质普遍增强，他们更加注重自我提升和终身学习。同时，工人阶级的精神面貌也更加积极向上，他们勇于创新、敢于担当，成为推动社会进步的重要力量。

需要指出的是，新时代中国工人阶级也面临着一些挑战和问题。例如，随着产业结构的调整和就业市场的变化，部分工人阶级面临着就业难、收入不稳定等问题。同时，随着全球化的深入发展，工人阶级也面临着国际竞争和全球化挑战。因此，需要进一步加强对工人阶级的关注和支持，为其提供更好的发展环境和条件，从而助力新质生产力发展。

（二）工人阶级推动新质生产力发展具有历史使命感

2023 年 10 月 23 日，习近平总书记在中南海同中华全国总工会新一届领导班子成员集体谈话，高度评价党的十八大以来我国工人阶级在党和国家事业发展中作出的重大贡献，充分肯定新时代工运事业取得的历史性成就、工会工作实现的全方位进步，对做好新时代新征程党的工运事业和工会工作提出明确要求，对全国总工会新一届领导班子寄予殷切期望，充分体现了习近平总书记和党中央对工人阶级和广大劳动群众的关心关怀、对工运事业和工会工作的高度重视。习近平总书记的重要讲话高屋建瓴、立意深远，思想深邃、语重心长，为新时代新征程党的工运事业和工会工作发展指明了前进方向、提供了根本遵循。

工人阶级作为现代中国社会的中坚力量，对于推动新质生产力的发展具有深厚的历史使命感。这一使命感源于工人阶级在社会结构中的地位、自身的历史任务以及对社会发展的深刻认知。

第一，工人阶级作为现代社会的主要生产力量，直接参与并推动着生产力的发展。他们身处生产第一线，对于生产技术的革新、生产方式的变革以及生产关系的调整有着敏锐的感知和切身的体验。这种推动力不仅体现在物质生产领域，也体现在精神文化领域，为社会进步提供了强大的动力。因此，工人阶级对于新质生产力的发展有着天然的关注和热情，他们渴望通过自身的努力，推动生产力的不断进步，为社会创造更多的财富和价值。

第二，工人阶级的历史任务决定了他们必须承担起推动新质生产力发展的重任。在资本主义社会中，工人阶级通过自身的斗争，逐步认识到自己的历史使命，即推翻资本主义制度，建立更加公正、合理的社会制度。随着时代的变迁和科技的发展，新质生产力不断涌现，为工人阶级提出了新的历史使命。中国特色社会主义进入新时代，推动新质生产力的发展是实现中国式现代化这一新的历史任务的重要手段。通过提高生产效率、优化资源配置、创新生产方式等手段，工人阶级可以为社会的进步和发展提供强大的物质基础。面对新的发展机遇和挑战，工人阶级需要不断适应新技术、新工艺和新模式的要求，提高自身的知识水平和技能素质，以更好地发挥其在推动新质生产力发展中的作用。

第三，工人阶级对于社会发展的深刻认知也使他们具备了推动新质生产力发展的历史使命感。工人阶级的历史使命感还体现在其对于社会公平和正义的追求上。作为广大劳动人民的代表，工人阶级深知只有通过推动生产力的发展，才能不断提高人民的生活水平，实现社会公平和正义。他们清楚地认识到，生产力的发展是推动社会进步的根本动力。只有不断推动生产力的进步，才能解决社会中的各种问题，提高人民的生活水平，实现社会的和谐稳定。因此，工人阶级始终保持着对新质生产力发展的高度关注和积极投入。

第四，在学习了解工人阶级推动新质生产力发展的历史使命感时，可以从多个角度进行深入分析。例如，可以研究工人阶级在不同历史时期对于新质生产力发展的态度和行动；也可以探讨工人阶级在推动新质生产力发展过程中所面临的困难和挑战；还可以分析工人阶级如何通过自身的努力和斗争，克服这些困难，实现生产力的不断进步。

总而言之，工人阶级推动新质生产力发展的历史使命感是一个复杂而深刻的话题。工人阶级推动新质生产力发展具有天然的历史使命感，这是工人阶级作为社会进步的重要推动力量所承担的重要责任。从党领导的工运事业的发展历程可以看出，工人阶级一直以其坚定的信念和不懈的努力，推动着社会生产力的进步和发展。在新的历史条件下，工人阶级需要继续发扬光荣传统，不断提高自身素质和能力，为实现中华民族伟大复兴的中国梦贡献自己的力量。

二、坚持工人阶级是先进社会生产力的代表

2013 年 4 月 28 日，习近平总书记在中华全国总工会机关与劳动模范座谈。习近平总书记在讲话中强调："工人阶级是我国的领导阶级，是我国先进生产力和生产关系的代表，是我们党最坚实最可靠的阶级基础，是全面建成小康社会、坚持和发展中国特色社会主义的主力军。""全心全意依靠工人阶级不能只当口号喊、标签贴，而要贯彻到党和国家政策制定、工作推进全过程，落实到企业生产经营各方面。"

为什么说工人阶级是先进社会生产力的代表?

第一，工人阶级由于其特殊的社会地位和角色，与生产力和生产关系有着密切的关系。毛泽东同志曾经在《中

国社会各阶级的分析》中指出，工业无产阶级人数虽不多，却是中国新的生产力的代表者，是近代中国最进步的阶级，做了革命运动的领导力量。邓小平同志也曾经强调指出，工人阶级最重要的特点之一就是同社会化的大生产相联系，因此它的觉悟最高，纪律性最强，能在现时代的经济进步和社会政治进步中起领导作用。进入新时代，作为现代工业生产的主力军，工人阶级直接参与社会财富的创造和积累。他们掌握先进的生产技术，熟悉生产的各个环节，能够灵活应对市场的变化，不断推动生产力的提升。因此，工人阶级的实践活动直接体现了先进社会生产力的发展方向。

第二，工人阶级的先进性和代表性体现在其对社会进步和发展的贡献上。历史证明，工人阶级是社会变革的重要力量。在资本主义社会，工人阶级通过罢工、示威等方式，反对资本家的剥削和压迫，推动社会进步。在社会主义社会，工人阶级更是成为国家的领导阶级，带领广大人民群众进行社会主义建设，推动社会生产力的快速发展。特别是进入新时代，我国工人阶级在习近平总书记关于工人阶级和工会工作的重要论述的指导下，积极性、主动性、创造性得到充分释放，立足岗位创新创造、发挥主力军作用，为强国建设、民族复兴贡献智慧和力量。这一切都充分说明，中国工人阶级是社会物质财富和精神文明的主要创造者，是社会主义现代化建设的主力军，是推动历史发展和社会进步的中坚力量。

第三，工人阶级的先进性和代表性还体现在其高度的组织性和纪律性上。工人阶级具有天然的团结性，他们深知只有团结起来才能维护自身的利益。同时，工人阶级也具有严格的纪律性，能够遵守社会规范和法律法规，保证生产活动的有序进行。这种高度的组织性和纪律性使工人阶级能够更好地发挥先进社会生产力的代表作用。

第四，从历史和现实的角度来看，工人阶级的先进性和代表性也得到了充分的验证。在工业革命时期，工人阶级通过自身的努力和创新，推动了生产技术的革新和生产力的提升。在当今社会，工人阶级依然发挥着重要作用，他们不仅是物质财富的创造者，更是精神财富的创造者，为社会的繁荣和发展作出了巨大贡献。不可否认，在改革开放和发展社会主义市场经济的初期，随着经济关系、劳动关系和利益关系等方面发生新的变化，社会上一些人曾经对谁是当今中国先进社会生产力的代表产生过模糊认识。有人说，工人是干活的，是体力劳动者，代表不了先进社会生产力，只有脑力劳动者才是先进社会生产力的代表；也有人说，工人在企业里是被管理的，只有经营管理者才是先进社会生产力的代表；等等。其实这些观点都是片面的、错误的，已经由生动的实践加以澄清。其实，判断一个阶级是否代表先进生产力和社会发展的方向，主要看它在推动生产力发展过程中的作用和它是否反映先进生产力发展的要求。尽管改革开放和发展社会主义市场经济使我国经济关系、劳动关系和利益关系发生很大的变化，工人阶级队伍及其就业形态、劳动方式、内部结构等产生许多新的特点，但工人阶级的阶级本质和历史使命没有改变。在实现中国式现代化的过程中，工人阶级作为先进社会生产力的代表，这是任何其他阶级、阶层所不能取代的。

随着科技的持续进步和产业的深度融合，新质生产力的发展将呈现出更加广阔的前景。而工人阶级作为推动新质生产力发展的主力军，将继续发挥十分重要的作用。面向未来，需要进一步加强对工人阶级的培养和教育，提高他们的技能水平和创新能力；完善相关政策措施，保障工人阶级的合法权益和利益诉求。此外，还需要加强国际合作与交流，借鉴先进经验和技术成果，共同推动新质生产力的发展。

（一）工人阶级具有高度的组织性和纪律性

工人阶级的组织性和纪律性主要体现在其作为一个整体时所展现出的团结、协作和严格遵守规范的特点。一方面，工人阶级的组织性体现在其高度的团结和协作精神上。工人阶级成员往往能够自觉地团结在一起，形成强大的集体力量，以共同应对各种挑战和困难。这种团结和协作不仅体现在生产过程中，也体现在工人阶级的政治、经济和社会生活中。通过组织起来，工人阶级能够更有效地维护自身权益，推动社会进步。另一方面，工人阶级的纪律性体现在其严格遵守社会规范、法律法规以及企业内部规章制度上。工人阶级成员通常具有高度的自我约束能力，能够自觉遵守各项规定，确保生产活动的有序进行。这种纪律性不仅保证了生产效率和质量，也维护了工人阶级的整体形象和声誉。工人阶级的组织性和纪律性是其作为先进社会生产力的代表的重要体现。通过保持高度的组织性和纪律性，工人阶级能够更好地发挥自身的优势和作用，为社会的繁荣和发展作出更大的贡献。当然，工人阶级的组织性和纪律性并非一成不变，它们会受到多种因素的影响，包括社会制度、经济发展状况、文化传统等。因此，应该在实践中不断探索和完善工人阶级的组织形式与纪律要求，以更好地适应时代发展的需要。

中国的工人阶级在我国发展的各个方面都作出了重大贡献，工人阶级的内涵和构成在新中国成立后也发生了深刻的变化，特别是在改革开放以后，随着工业化和城镇化的加速，大量农民工成为工人阶级的新成员，这进一步扩大了工人阶级的队伍。工人阶级现在包括各种所有制企业、各种机关事业单位的全体体力劳动者和脑力劳动者。工人阶级的整体素质快速提升，不仅知识分子成了工人阶级的一部分，原来的产业工人的文化水平也在不断提高。工人阶级的这种多样性和先进性特征，使其成为推动社会进步的中坚力量。工人阶级的组织性和纪律性，是其作为先进生产力代表的重要特征之一。这种组织性和纪律性不仅体现在生产过程中的有序和效率，还体现在对社会秩序和发展的贡献上。

一方面，工人阶级的组织性和纪律性是新质生产力的重要保障。组织性和纪律性是工人阶级发展的重要特性之一。这种组织性和纪律性不仅体现在严格遵守工作规程和操作流程上，更体现在对集体利益的高度认同和自觉维护上。一个具有高度组织性和纪律性的工人阶级，能够在生产过程中保持高效、有序的工作状态，减少因个人行为偏差导致的生产损失，从而提高整体生产效率。因此，一个纪律严明的工人阶级能够在生产过程中严格遵守质量标准，确保产品质量的稳定性和可靠性。同时，他们也能够积极响应技术创新和流程优化的要求，不断提升自身的技能水平和生产效率，为发展新质生产力提供坚强而有力的支撑。

另一方面，发展新质生产力是现代社会对工业生产的基本要求。新质生产力意味着在相同的资源投入下，能够获得更高的产出效益，或者在相同的产出效益下，能够实现更低的资源消耗。这对于提升国家经济实力、改善人民生活水平具有重要意义。与此同时，发展新质生产力也对工人阶级的组织性和纪律性提出了更高的要求。随着生产技术的不断进步和产业结构的升级调整，对工人阶级的技能水平和综合素质要求也在不断提高。这要求工人阶级必须不断加强学习和培训，提升自身的能力和素质，以适应新的生产要求和挑战。而这一过程又进一步强化了工人阶级的组织性和纪律性，使他们更加自觉地遵守规章制度，更加积极地投入生产实践。

由此可见，工人阶级的组织性、纪律性与发展新质生产力之间存在着密切的联系和相互促进的关系。在推进工业化、现代化的进程中，应该充分认识和发挥工人阶级的组织性和纪律性优势，加强对其的教育和培训，激发他们的创新精神和创造活力，为推动新质生产力的发展贡献更大的力量。同时，也要注重优化生产环境和管理机制，为工人阶级创造更好的工作条件和发展空间，使他们在实现个人价值的同时，也为社会进步和国家发展作出更大的贡献。

（二）工人阶级具有强烈的创新意识和实践能力

随着科技的飞速发展和全球化竞争的加剧，发展新质生产力已成为推动社会进步的重要动力。在这一过程中，工人阶级的创新意识和实践能力发挥着至关重要的作用。工人阶级作为推动新质生产力的主力军，其创新意识和实践能力是推动社会进步和发展的重要因素。在新时代背景下，工人阶级面临着前所未有的发展机遇和挑战，这要求他们必须具备强烈的创新意识和实践能力，以适应不断变化的市场需求和产业升级的要求。

新质生产力是生产力发展和科技进步的产物，代表着人类改造自然能力的提升。它强调科技创新作为第一动力，通过技术革命性突破和生产要素的创新性配置，推动产业深度转型升级。工人阶级作为新质生产力中的重要组成部分，其创新意识和实践能力对于发展新质生产力至关重要。高素质的工人阶级能够推动生产工具和生产方式的变革，提高生产效率和质量。新质生产力具有高科技、高效能、高质量的特征。工人阶级的创新意识和实践能力对于实现这些特征至关重要。例如，通过科技创新，工人可以推动产业升级，形成高效能的生产力。发展新质生产力是指在保持经济稳定增长的同时，通过技术创新、产业升级和绿色发展等手段，提高生产效率和产品质量，推动经济结构的优化和升级。这要求在发展新质生产力的过程中，必须特别注重提升劳动者的素质和能力，充分发挥他们的主动性和创造性。

工人阶级的创新意识是推动新质生产力产生的重要动力。他们通过对现有技术和生产方式的反思和改进，提出新的想法和解决方案，从而推动生产力的升级和变革。这种创新意识不仅体现在技术创新上，还体现在管理创新、服务创新等多个方面。为了发展新质生产力，工人阶级需要培养强烈的创新意识，这包括对新技术的快速适应能力、对生产过程的持续改进和创新能力。实践能力的提升则要求工人在实际工作中不断探索和应用新技术，提高生产效率和产品质量。工人阶级的创新意识不仅有助于新质生产力的产生，还能够促进新质生产力的应用与推广。他们通过积极参与新产品的试制和推广，为新技术和新工艺的应用提供了有力支持。同时，他们还能够结合自己的实践经验，对新质生产力进行改进和优化，使其更加符合市场需求和生产实际。为了发展新质生产力，工人阶级需要培养强烈的创新意识，这包括对新技术的快速适应能力、对生产过程的持续改进和创新能力等。实践能力的提升则要求工人在实际工作中不断探索和应用新技术，提高生产效率和产品质量。以我国的制造业为例，工人阶级在推动新质生产力发展方面发挥了重要作用。他们积极参与智能制造、绿色制造等领域的创新和实践，推动了制造业的转型升级和高质量发展。同时，他们也在服务业、农业等领域发挥了重要作用，为新质生产力的发展提供了有力支撑。

工人阶级的实践能力是新质生产力发展的基础。他们通过不断学习和实践，掌握新的技术和技能，提高自己的生产效率和质量水平。这种实践能力不仅有助于个人职业的发展，还能够为整个产业的升级和转型提供有力支持。工人阶级的实践能力不仅体现在对新技术的掌握和应用上，还体现在对现有生产方式的优化和改进上。他们通过对生产过程的深入分析和研究，发现存在的问题和瓶颈，提出有效的解决方案，推动新质生产力的持续优化和升级。发展新质生产力还需要全面深化改革，包括经济体制、科技体制等领域的改革，以形成与新质生产力相适应的新型生产关系。这有助于释放更多创新活力，促进新质生产力的快速发展。

那么，怎样才能强化工人阶级创新意识和实践能力的途径？一要加强教育培训，提升工人阶级的综合素质。通过加强教育培训，提高工人阶级的文化素质和技能水平，使他们能够更好地适应新技术和新工艺的需求。同时还要注重培养他们的创新意识和实践能力，激发他们的创造力和创新精神。二要建立激励机制，激发工人阶级的创新热情。通过建立合理的激励机制，如设立创新奖励、提供晋升机会等，激发工人阶级的创新热情和积极性。让他们能够积极参与到新产品的研发和推广中，为发展新质生产力贡献自己的力量。三要优化生产环境，提供良好的创新实践平台。通过优化生产环境，提供先进的生产设备和技术支持，为工人阶级提供良好的创新实践平台，加强团队协作和沟通，促进知识共享和经验交流，推动创新成果的转化和应用。

工人阶级强烈的创新意识和实践能力与发展新质生产力之间存在着密切的联系，并具有相互促进的关系。在未来的发展中，应该进一步加强对工人阶级创新意识和实践能力的培养和激发，为他们提供更多的创新实践机会和平台，以推动新质生产力的不断发展和社会进步的不断加速。同时，也需要更加关注工人阶级在创新实践过程中可能遇到的困难和挑战，积极为他们提供支持和帮助，确保他们能够充分发挥自己的潜力和优势，为社会的发展和进步作出更大的贡献。

（三）工人阶级肩负培养新一代劳动者的重任

随着社会的快速发展和产业结构的深刻变革，发展新质生产力已经成为推动经济持续增长和社会全面进步的关键。在这一进程中，工人阶级作为社会生产的主力军，不仅承担着推动生产力发展的重任，还肩负着培养新一代劳动者的历史使命。只有这样，工人阶级才能永葆其先进性和战斗力。

工人阶级培养新一代劳动者需要注意传承工人阶级的优良传统和品质，这是因为工人阶级在长期的生产实践中，形成了艰苦奋斗、勇于创新、团结协作等优良传统和品质。而这些优良传统和品质正是新一代劳动者成长和发展的重要精神支柱。只有通过工人阶级的内部培养，新一代劳动者才能够更好地继承和发扬这些优良传统和品质，为社会发展贡献自己的力量。由于新质生产力的发展必须注重绿色发展和可持续发展，这客观要求劳动者具备环保意识和可持续发展理念，能够在生产过程中注重节能减排、资源循环利用等方面的工作。同时，还需要劳动者关注社会责任和公益事业，推动企业的社会贡献和可持续发展。工人阶级以其坚定的信念和不懈的奋斗精神，引领着社会进步的潮流。他们敢于创新、勇于探索，不断突破旧有的生产模式和发展方式，为新质生产力的发展注入了新的活力。

工人阶级培养新一代劳动者需要注意适应新时代发展需求，这是因为新时代对劳动者的素质和能力提出了更高的要求。新一代劳动者需要具备创新精神、实践能力、团队协作能力等多方面的素质。工人阶级作为生产实践的主力军，具有丰富的实践经验和深厚的技能积累，能够为新一代劳动者的培养提供有力的支持和指导。由于发展新质生产力需要不断推进技术创新和产业升级，这客观要求劳动者具备较高的技术水平和创新能力，能够适应新技术、新工艺的发展需求。同时，还需要劳动者具备跨领域合作的能力，推动不同产业之间的融合发展。工人阶级在生产实践中，不断积累经验、总结规律，为新质生产力的创造提供了丰富的素材和灵感。他们通过技术创新、工艺改进等方式，推动了生产力的升级换代，为新质生产力的发展奠定了坚实的基础。

人事有代谢，往来成古今。一方面，工人阶级的实践经验助力新质生产力发展。工人阶级在生产实践中积累了丰富的经验和技能，这些经验和技能对于推动新质生产力的发展具有重要价值。通过培养新一代劳动者，工人阶级可以将这些宝贵的经验和技能传承下去，为新质生产力的发展提供有力的人才保障。另一方面，新一代劳动者的创新能力推动新质生产力升级。新一代劳动者具备较高的创新意识和实践能力，他们能够结合新技术、新工艺的发展趋势，提出新的想法和解决方案，推动新质生产力的升级和变革。同时，新一代劳动者还能够通过团队协作和跨领域合作，推动不同产业之间的融合发展和创新协同。

在此基础上，加强工人阶级培养新一代劳动者的措施包括哪些呢？一要加强教育培训体系建设。要通过建立健全针对新一代劳动者的教育培训体系，提供全面的职业教育和技能培训；注重理论与实践相结合，培养劳动者的实际操作能力和解决问题的能力；加强劳动者的思想道德教育，培养他们的社会责任感和职业精神。二要建立激励机制和评价体系。通过建立完善的激励机制和评价体系，激发劳动者的学习热情和创新动力；通过设立奖学金、提供晋升机会等方式，鼓励劳动者积极参与学习和实践活动；建立科学的评价体系，对劳动者的学习成果和实践能力进行客观评价，为他们的职业发展提供有力支持。三要促进产学研用深度融合。通过加强产学研用之间的合作与交流，推动技术创新和产业升级；鼓励企业、高校和研究机构共同参与新一代劳动者的培养工作，形成产学研用一体化的培养模式；通过合作研发、联合培养等方式，提高劳动者的综合素质和实践能力。

工人阶级培养新一代劳动者的重任与发展新质生产力

之间存在着密切的相互促进关系，两者是相互依存、相互促进的。只有通过不断加强工人阶级的培养和教育，才能为发展新质生产力提供坚实的人才保障和智力支持。通过加强工人阶级的培养和教育，可以为新一代劳动者提供宝贵的经验和技能传承，推动他们成为推动新质生产力发展的重要力量。同时，新一代劳动者的创新能力和实践精神也将为发展新质生产力注入新的活力和动力。

展望未来，需要继续深化对工人阶级培养新一代劳动者与发展新质生产力关系的认识和研究。通过不断完善教育培训体系、建立激励机制和评价体系、促进产学研用深度融合等措施，进一步提升工人阶级和新一代劳动者的综合素质和实践能力。积极关注新时代背景下劳动力市场的变化和需求，及时调整和优化培养策略，确保工人阶级和新一代劳动者能够适应社会发展和产业升级的需求。

三、工会在发展新质生产力中的重要角色

随着新质生产力的不断发展，我国社会的生产技术、职工队伍结构和劳动关系特点将进一步变化，也为工会进

一步拓展了工作空间。工会要结合新质生产力发展要求，不断创新、乘势而上，积极服务新质生产力不断发展。

首先，工会要积极发挥提高职工劳动积极性、促进工作效率等方面的作用，进一步完善职工创新体系。职工是推动生产力发展的重要力量，是促进技术创新的关键力量，而工会作为党领导的职工自愿结合的工人阶级群众组织，具有劳模和工匠人才创新工作室、“五小”群众性创新创造活动等职工创新平台。工会通过实施职工群众创新创造建设活动等，积极提升职工群众参与创新、岗位建功的积极性，促进新质生产力的不断发展。其次，工会通过积极加强产业工人队伍建设改革，以及加强职工教育培训、提升职工技能素质等方式，为新质生产力的发展提供有力支持。通过组织各种形式的培训和学习活动，工会能够帮助职工不断提升自身的专业技能和综合素质，使他们更好地适应新质生产力的发展需求，为企业创造更多的价值。再次，工会通过履行其维护职能和建设职能，为企业的健康发展提供了有力保障。维护职能主要体现在保护职工的基本权益不受侵害，确保他们在工作中的安全和健康；建设职能则体现在组织职工参与企业的各个环节建设，完善和优化管理体制，推动企业的创新和发展。最后，工会是构建和谐劳动关系的重要保障。通过协调职工和管理者之间的关系，协调劳动纠纷，工会能够为企业创造一个和谐稳定的工作环境，使职工能够安心工作。这种和谐的劳动关系有助于将企业的发展和个人利益的实现有机结合起来，形成相互促进、共同提升的良性循环。

工会在发展新质生产力中具有重要的地位和作用。它不仅是维护职工权益的代表，也是推动企业健康发展、构建和谐劳动关系的重要力量。在未来的发展中，工会应继续发挥其独特优势和作用，为新质生产力的发展贡献更多力量。

| 第三章 |

新质生产力呼唤高素质的新型劳动者

2024 年 1 月，习近平总书记在“国家工程师奖”首次评选表彰之际作出重要指示：“希望全国广大工程技术人员坚定科技报国、为民造福理想，勇于突破关键核心技术，锻造精品工程，推动发展新质生产力，加快实现高水平科技自立自强，服务高质量发展，为以中国式现代化全面推进强国建设、民族复兴伟业作出更大贡献。”随着科技的迅猛发展，新质生产力日益成为推动社会进步的核心动力。然而，新质生产力的发展并非孤立存在，它需要一支高素质的与之相适应、相促进的劳动者队伍。高素质的劳动者不仅是新质生产力发展的基础，更是其持续、健康、稳定发展的关键所在。因此，探讨新质生产力与高素质劳动者之间的关系，以及如何培养和造就高素质的劳动者，对于推动新时代经济社会的全面发展具有重要意义。

一、新质生产力发展与高素质的新型劳动者

（一）发展新质生产力离不开高素质的新型劳动者

习近平总书记强调，“新质生产力是创新起主导作用，摆脱传统经济增长方式、生产力发展路径，具有高科技、高效能、高质量特征，符合新发展理念的先进生产力质态”。当前，各地正因地制宜点燃发展新质生产力的“新引擎”，为我国高质量发展注入强大动力。

发展新质生产力离不开高素质的新型劳动者。随着科技的飞速进步和产业的转型升级，对劳动者的素质和技能要求也越来越高。一方面，新质生产力的发展要求劳动者具备更高的知识、技能和创新能力，以适应新技术、新工艺、新业态的发展需求；另一方面，高素质的劳动者通过自身的学习和实践，不断提升自身的综合素质和能力水平，将为新质生产力的发展提供源源不断的动力。

高素质的新型劳动者具备更强的学习能力和创新能力，能够迅速适应新技术、新工艺和新方法，推动生产力的不断提高。他们不仅掌握丰富的专业知识，还具备解决实际

问题的能力，能够在工作中不断创新，为企业和社会创造更多的价值。同时，高素质的新型劳动者还具备较强的跨文化沟通能力，能够更好地适应全球化的工作环境。他们善于与他人合作，共同解决问题，推动项目的顺利实施。他们具备跨文化沟通的能力，能够与不同文化背景的人进行有效交流，有利于促进国际合作与交流。

为了推动新质生产力的发展，需要加强对高素质的新型劳动者的培养和引进，提高他们的素质和技能水平。同时，还需要营造良好的工作环境和氛围，激发劳动者的创新精神和创造力，为企业的可持续发展和社会的繁荣稳定提供有力的人才保障。

（二）新质生产力的特点及其对劳动者素质的要求

1. 智能化

新质生产力以人工智能、大数据、云计算等为代表，智能化是其核心特征。智能化生产方式对劳动者提出了以下要求：一是具备较高的信息技术素养。劳动者需要熟练掌握计算机操作、网络通信、软件开发等技能，以适应智能化生产环境。二是具备较强的学习能力。智能化生产技术更新迅速，劳动者需要不断学习新知识、新技能，以跟上技术发展的步伐。三是具备创新精神和创新能力。智能化生产需要劳动者具备开拓创新的精神，能够运用新技术解决实际问题。

2. 网络化

新质生产力以互联网为载体，网络化是其基本特征。网络化生产方式对劳动者提出了以下要求：一是具备良好的沟通协作能力。劳动者需要熟练运用网络通信工具，进行有效沟通和协作。二是具备全球化视野。网络化生产使企业面临的竞争更加激烈，劳动者需要具备全球化视野，关注国际市场动态。三是具备跨文化交际能力。网络化生产使企业跨国合作日益频繁，劳动者需要具备跨文化交际能力，以适应不同文化背景下的工作环境。

3. 绿色化

新质生产力强调可持续发展，绿色化是其重要特征。绿色化生产方式对劳动者提出了以下要求：一是具备环保意识。劳动者需要关注生产过程中的资源消耗和环境污染问题，积极参与绿色生产。二是具备节能减排技能。劳动者需要掌握节能减排的基本知识和技能，为绿色生产贡献力量。三是具备可持续发展观念。劳动者需要树立可持续发展观念，关注企业经济效益与社会责任的平衡。

（三）高素质劳动者在新质生产力发展中的作用

高素质劳动者在新质生产力发展中发挥着举足轻重的作用。他们不仅是新技术、新工艺的推广者和应用者，更是新产业、新业态的开拓者和引领者。他们通过自身的努力和贡献，推动了生产方式的变革和技术的进步，提高了生产效率和产品质量，为企业和社会创造了巨大的经济价值和社会效益。例如，在智能制造领域，一些具备高度专业技能与创新能力的劳动者通过研发和应用先进的制造技术，推动了制造业的转型升级和高质量发展；在数字经济领域，一些熟悉互联网技术与商业模式的劳动者通过创新商业模式和服务方式，推动了数字经济的快速发展和普及。

展望未来，高素质劳动者与新质生产力将会进一步共融发展。新质生产力将继续保持快速发展的态势，而高素质的劳动者也将成为推动其发展的核心力量。随着科技的不断进步和产业的不断升级，需要更加重视高素质劳动者的培养和造就工作，不断提高劳动者的综合素质和能力水平；更加关注劳动者的需求和权益保障，为其提供更好的工作环境和发展机会。只有这样，才能实现高素质劳动者与新质生产力的共融发展，推动经济社会的全面进步和繁荣。

二、如何塑造高素质的新型劳动者

培养和造就适应新质生产力发展的高素质劳动者，其途径与措施主要包括以下几个方面。

第一，关于教育体系的改革与创新。一要深化职业教育改革。针对新质生产力的需求，职业教育应更加注重技能与实践的结合，更新课程内容，引入最新的技术知识和实际操作技能，使学生能够直接对接行业的需求。二要加强高等教育与产业的对接。高校应与企业、研究机构等建立紧密的合作关系，共同开展人才培养、科学研究和技术创新等活动，实现产学研的深度融合。深化产教融合、校企合作，推动教育链、人才链与产业链、创新链的有机衔接。

第二，关于加强在职培训与继续教育。一要定期开展技能培训。企业应定期组织员工参加技能培训，提升他们的专业技能水平，使他们能够更好地适应新技术、新工艺和新方法的应用。二要推行终身学习理念。鼓励劳动者树立终身学习的理念，通过自学、在线课程等方式，不断更新自己的知识和技能，跟上时代的步伐，为劳动者提供多样化、个性化的学习和发展机会。

第三，关于建立激励机制与评价体系。一要完善奖励机制。对于在新质生产力发展中作出突出贡献的高素质劳动者，应给予相应的奖励和荣誉，以激发他们的工作热情和创造力。二要完善评价体系。建立科学、公正、全面的劳动者评价体系，将劳动者的技能水平、创新能力、工作业绩等因素纳入评价范围，为他们的晋升和发展提供依据。通过完善激励机制和政策保障，提高劳动者的待遇和地位，激发其创新创造活力。

第四，关于加强劳动者职业道德和社会责任感的培养。一要广泛开展职业道德教育。通过课程教育、实践活动等方式，加强劳动者的职业道德教育，引导他们树立正确的职业观念和价值观。二要强化社会责任意识。鼓励劳动者关注社会问题，积极参与公益活动，培养他们的社会责任感和公民意识。通过加强社会文化建设，营造尊重劳动、崇尚创新、鼓励创造的良好氛围。

培养和造就适应新质生产力发展的高素质劳动者需要全社会的共同努力和协作。通过教育体系的改革与创新、加强在职培训与继续教育、建立激励机制与评价体系以及加强劳动者职业道德和社会责任感的培养等措施，可以逐步建立起一支高素质、有创新能力的劳动者队伍，为新质生产力的发展提供有力的人才保障。

三、工会在塑造高素质的新型劳动者中的作用

（一）持续深入推进新时代产业工人队伍建设改革

产业工人是工人阶级中发挥支撑作用的主体力量，是创造社会财富的中坚力量，是创新驱动发展的骨干力量，是实施制造强国战略的有生力量。要按照政治上保证、制度上落实、素质上提高、权益上维护的总体思路，改革不适应产业工人队伍建设要求的体制机制，充分调动广大产

业工人的积极性、主动性、创造性，为实现“两个一百年”奋斗目标、实现中华民族伟大复兴的中国梦更好地发挥产业工人队伍的主力军作用。

党中央历来高度重视产业工人队伍建设，特别是自党的十八大以来，习近平总书记站在党和国家工作全局的战略高度，就产业工人队伍建设作出一系列重要论述，明确要求就新时期产业工人队伍建设改革提出总体思路和系统方案，为推进新时期产业工人队伍建设改革提供了根本遵循和行动指南。2017 年 2 月 6 日，习近平总书记主持召开中央全面深化改革领导小组第三十二次会议，审议通过了《新时期产业工人队伍建设改革方案》(以下简称《改革方案》)。《改革方案》明确了新时期产业工人队伍建设改革的指导思想、基本原则、目标任务以及改革举措，厘清了为什么改、怎么改、通过什么途径、达到什么目标等一系列重大问题。

为了加强产业工人技能素质提升，党和国家创造性地提出了“构建产业工人技能形成体系”这一重要举措，这是加强产业工人队伍建设的重大理论和制度创新，为建设一支高素质产业工人队伍规划了路径。

一是抓住加强职业教育和培训这个重点。要大力发展技工教育，制定落实支持技师学院建设的具体措施，将校企合作、产教融合作为技工院校基本办学制度，全面推广企业新型学徒制度，发挥技工院校的培养基地作用，培养符合企业要求的技能型产业工人。要发挥企业主体的作用，鼓励大企业自主开展职工职业技能培训，建立覆盖城乡全体劳动者、贯穿劳动者学习工作终身、适应就业创业和人才成长需要的终身职业技能培训制度。要坚持与时俱进，高度关注人工智能等新技术、新应用的普及和推广，深入分析其对技术技能提出的新要求，及时更新培训内容，拓展培训外延，创新培训模式，做到职业培训与经济社会发展需要同步。

二是聚焦培养高技能人才这个难点。高技能人才是产业工人中技术技能的佼佼者，是建设制造强国不可或缺的重要依靠力量。作为“构建产业工人技能形成体系”中的关键环节，培养高技能人才投入多、周期长、难度大，做好这项工作必须花大工夫、下大气力。要落实国家高技能人才振兴计划，围绕产业发展和企业生产实际需求，依托大型骨干企业建设示范性高技能人才培养基地，逐渐形成以行业企业为主体、技工院校等职业院校为基础、学校教育与企业培养紧密联系、政府推动与社会支持相互结合的高技能人才培养体系。要把积极举办和参加技能大赛作为培养高技能产业工人的重要手段，广泛开展内容丰富形式多样的劳动竞赛、岗位练兵和技能比武，在比赛中对标先进，在比赛中快速成长，培养锻炼选拔一批以“大国工匠”为代表的高技能产业工人。

三是击中产业工人素质提升激励这个痛点。要发挥政府相关部门的政策支持作用，建立技能人才发展规划，加大财政投入，制定更加有效的表彰激励政策，全面提升技能人才的各项待遇水平和社会地位，激发广大产业工人自觉提高技术技能素质的内生动力，让更多产业工人感觉到有出路、有前途、有荣誉、有地位，拓宽技能成才之路。要大力推进社会化职业技能鉴定，完善企业内部技能人才评价体系，建立健全以企业为主体，以职业标准和岗位规范为依据，以能力、业绩和贡献为重点的技能人才职业技能等级评价制度。要依据国家职业标准、结合企业岗位实际，在高技能人才评价认定方面给予企业更多的自主权利、更大的自主空间，鼓励企业培养选拔高技能人才，发挥其在技能创新研发、技术推广交流和技能代际传承方面的带头引领作用。

2023 年，全国总工会发布第九次全国职工队伍状况调查数据显示：经过五年的努力，职工受教育程度普遍提高，技术技能素质显著提升。其中，高中及以上学历达 85.0%；大学本科及以上的占 35.5%。第三产业职工平均受教育年限为 14.5 年，高于第一产业职工的 12.5 年和第二产业职工的 13.0 年。专业技术人员队伍年龄主要为 30~50 岁，集中在教育、制造、卫生和社会工作等三个行业。产业工人素质水平的提升，对加快发展新质生产力、实施制造强国战略，具有重大而深远的意义。

（二）带领亿万职工群众建功立业蔚然成风

第一，组织动员亿万职工群众建功新时代。工会要主动聚焦如何有效调动广大职工群众的积极性和创造力，以适应新时代的发展要求，推动社会进步和经济发展。首先，深入研究新时代的社会经济特征和发展趋势，以便更好地把握职工群众的需求和期望。在此基础上，积极制定更为精准的政策和措施，以激发职工群众的创新精神和创业热情。其次，通过加强对职工群众的思想政治教育，引导他们树立正确的价值观和职业观。借助宣传先进典型、开展劳动竞赛和技能比武等活动，进一步提升职工群众的职业道德素养和技能水平，为新时代的发展提供有力的人才保障。最后，工会还可以加强与政府、企业和社会各界的沟通协作，共同为职工群众创造更好的发展环境和条件。通过搭建平台、整合资源、提供服务等方式，促进职工群众的全面发展，推动他们在新时代建功立业。据统计，2023年，全国总工会积极组织职工立足本职踊跃参加“技术革新、技术创新、技术攻关、技术创造”、“小发明、小创造、小革新、小设计、小建议”以及“岗位练兵”、“技术比武”等群众性创新创造活动，提出合理化建议750余万个，开展技术革新项目40余万项，取得发明创造20余万项。围绕国家重大战略、重大工程、重大项目、重点产业，全年共开展127个全国引领性劳动和技能竞赛项目，首次举办全国职工数字化应用技术技能大赛。

第二，有力激发职工群众创新创造热情干劲。工会要通过深化改革，进一步释放职工群众的创造潜能，有效推动社会创新和发展。一是要深化对职工群众创新创造需求的理解。通过深入调研和广泛交流，准确把握职工群众在创新创造方面的需求和期望，了解他们面临的困难和挑战。在此基础上，制定更加贴近实际、符合职工需求的政策措施，为他们提供有力的支持和保障。二是积极推动工会组织的改革创新，创新数字化、普惠化工会线上技能提升服务平台建设，积极探索更加灵活、高效的工会服务，更好地服务于职工群众的创新创造活动。三是注重培养职工群众的创新意识和创新能力。通过举办创新创业培训、开展技能竞赛和创新实践等活动，有效提升职工群众的创新意识和创新能力，使他们能够更好地适应新时代的发展要求，为社会的创新和发展贡献更多的智慧和力量。四是与政府、企业和社会各界加强合作。通过搭建合作平台、共享资源信息、协调利益关系等方式，积极引导更多的力量参与到激发职工群众创新创造热情的工作中，形成合力推动社会创新发展的良好局面。

第三，着力提高产业工人技能。要通过一系列有力措施，全面提升产业工人的技能水平，从而增强他们的职业竞争力，促进产业的升级和发展。一是积极推动政府、企业和社会各方共同参与，建立健全产业工人技能培训体系。这包括加强职业院校和职业培训机构的建设，完善课程设置和教学内容，确保培训内容与产业发展需求紧密对接。同时，推动实施职业技能鉴定和认证制度，确保培训质量的有效性和权威性。二是组织各种形式的技能培训活动，如技能竞赛、技能交流、师徒传承等，为产业工人提供实践机会和展示平台。通过这些活动，激发产业工人的学习热情和创新精神，促进技能水平的不断提升。三是积极推广现代培训技术和方法，如在线教育、虚拟现实、增强现实等，为产业工人提供更加便捷、高效的培训方式。同时，鼓励企业利用这些先进技术开展内部培训，提高培训效果和效率。四是坚持企业在产业工人队伍建设改革中的主体地位，与企业保持密切联系，了解企业的实际需求和发展方向，为企业量身定制技能培训方案。同时，鼓励企业加大对技能培训的投入，支持企业开展自主培训和技能提升活动，形成企业与工人共同成长的良性循环。建立健全激励机制，对在技能培训中表现突出的产业工人给予表彰和奖励，激发他们的学习积极性和创新动力。加强对产业工人的职业保障，提高他们的职业地位和待遇，增强他们的职业归属感和忠诚度。近年来，各级工会通过加强产业工人培训，培养了大量高技能人才和一大批大国工匠、劳动模范。下一步，要充分发挥“技能强国——全国产业工人学习社区”等线上职工提素平台的作用，推动各地产业工人普遍开展培训；充分利用龙头企业等社会资源，构建线下线上相结合的工匠学院培育体系；继续大力开展企业建立劳模工匠创新工作室和企业间劳模工匠创新工作室联盟活动，充分发挥劳模工匠对于推进技术创新、促进新质生产力发展的积极作用。

第四，积极发挥劳模工匠示范引领作用。劳模工匠不仅是劳动群众的杰出代表，更是推动社会进步和经济发展的重要力量。他们的先进事迹、精湛技艺和崇高精神，对于激发广大职工的创新创造热情、提升技能水平、推动产业转型升级具有重要意义。首先，要通过广泛宣传劳模工匠的先进事迹，树立榜样力量，让更多的人了解和认识劳模工匠的精神。通过举办劳模工匠事迹展、拍摄宣传片、组织报告会等形式，让劳模工匠的感人故事和奋斗精神深入人心，激励广大职工向他们学习，追求卓越、勇于创新。其次，要积极搭建平台，推动劳模工匠与广大职工的交流互动。通过组织座谈会、技能交流、师徒结对等活动，让劳模工匠与一线职工面对面交流，分享经验、传授技艺，带动职工技能水平的提升。通过开展“劳模工匠助企行”专项行动，组织劳模工匠帮助专精特新企业解决技术难题。再次，要积极邀请劳模工匠参与职工培训、技能竞赛等活动，发挥他们的示范引领作用，推动职工队伍整体素质的提高。最后，要积极探索推动完善劳模工匠的激励机制，提高他们的社会地位和待遇。通过设立劳模工匠奖励基金、提供职业发展机会、落实各项待遇保障等措施，让劳模工匠感受到社会的尊重和认可，从而激发他们的工作热情和创造力。

| 第四章 |

新质生产力将大幅度提高劳动生产率

2024年1月31日，习近平总书记在中央政治局第十一次集体学习时的讲话中特别强调，科技创新能够催生新产业、新模式、新动能，是发展新质生产力的核心要素。必须加强科技创新特别是原创性、颠覆性科技创新，加快实现高水平科技自立自强，打好关键核心技术攻坚战，使原创性、颠覆性科技创新成果竞相涌现，培育发展新质生产力的新动能。新质生产力是指在科技进步的推动下，通过引入新技术、新工艺和新管理方法，实现对传统生产力的改造和升级。它具有创新性、高效性、智能性等特征，能够显著提高生产效率和产品质量，降低生产成本和资源消耗。新质生产力将大幅度提高劳动生产率，这是一个具有深远影响的话题，涉及技术革新、产业升级、人力资源质量提升等多个方面。为此，必须深入分析新质生产力对劳动生产率提升的积极作用，并积极展望未来的发展趋势。

一、新质生产力是提高劳动生产率的“新引擎”

（一）什么是劳动生产率

劳动生产率是对劳动者在一定时期内创造的劳动成果与其相适应的劳动消耗量的比值。研究劳动生产率不仅关注劳动者在单位时间内生产的产品数量，还考虑生产单位产品所需的劳动时间。劳动生产率是衡量劳动者工作效率和经济活动效益的重要指标，可以揭示生产过程中的效率问题，并为提高生产效率和优化资源配置提供科学依据。

有关劳动生产率的研究可以从多个角度进行，包括宏观、中观和微观层面。宏观层面的研究关注整个国家或地区的劳动生产率发展水平和特点，以及不同因素对其的影响。中观层面的研究则侧重从产业或行业的角度来分析劳动生产率的差异和变化。而微观层面的研究更加关注企业内部的劳动生产率，探讨其影响因素和提升策略。通过对劳动生产率的深入研究，可以揭示生产过程中的瓶颈和问题，为政策制定者提供决策依据，帮助企业优化生产流程和管理模式，提高经济效益和社会效益。同时，劳动生产率研究也有助于推动经济社会的可持续发展，实现资源的有效利用和劳动力的合理配置。

总之，劳动生产率研究是一个涉及多个层面和维度的综合性课题，对于提高生产效率、优化资源配置、推动经济可持续发展具有重要意义。

（二）新质生产力的内涵与特征

新质生产力具有鲜明的时代特征和丰富的内涵，主要包括以下三个方面。

一是凸显技术创新。新质生产力以科技创新为核心，通过引进新技术、新工艺和新设备，提高生产自动化和智能化水平，实现生产效率的大幅提升。二是凸显管理创新。新质生产力注重管理模式的创新和优化，通过引入现代管理理念和方法，提高管理效率和决策水平，推动企业可持续发展。三是凸显组织创新。新质生产力强调组织结构的灵活性和适应性，通过扁平化、网络化等组织形式，增强组织的协同能力和创新能力，提升整体绩效。

随着科技的飞速发展和创新，新质生产力正逐步崛起，并有望大幅度提高劳动生产率。新质生产力是指通过技术创新、管理创新、组织创新等手段，提高生产过程的效率和质量，进而提升劳动生产率的新型生产力。其代表了生产力的新发展阶段，是推动经济社会进步的重要力量。

（三）新质生产力为大幅度提高劳动生产率创造条件

以科技创新为核心的新质生产力将对全社会的劳动生产率产生显著影响。新质生产力的特点，如高科技、高效能、高质量以及科技创新和绿色发展，都将为劳动生产率的提高创造条件。一是高科技的应用。新质生产力将广泛应用先进的技术和设备，提高生产效率和产品质量。例如，自动化、智能化技术的应用将使生产过程更加高效，减少人力成本和错误率。二是科技创新的推动。新质生产力强调科技创新，这将不断催生新的技术和工艺，提高劳动生产率。例如，新材料的研发和应用将提高产品的性能和寿命，减少维修和更换的频率。三是绿色发展的导向。新质生产力注重绿色发展，通过节能减排和资源循环利用，提高资源利用效率，降低生产成本。这将有助于提高劳动生产率，同时减少对环境的负面影响。四是人才培养和激励机制升级。新质生产力的发展需要高素质劳动者，需要加强人才培养和激励机制。通过提供培训机会、鼓励创新和团队合作，可以提高劳动者的技能和素质，从而提高劳动生产率。

二、新质生产力提高劳动生产率的机制分析

新质生产力提高劳动生产率的机制集中体现在三个环节：首先，体现在技术创新推动生产流程优化环节。新质生产力的发展离不开技术创新的支持，通过引入先进的生产设备、自动化控制系统和智能制造技术，可以实现对生产流程的精确控制和优化。这不仅可以减少人工操作，降低人为错误率，还可以提高生产效率，缩短生产周期。人工智能、物联网、区块链等新兴技术的不断发展，将为新质生产力的发展提供更加强大的技术支持。这些技术的应用将进一步优化生产流程、提高生产效率和质量。其次，体现在智能化管理提升生产效率。新质生产力特别注重智能化管理的发展。通过应用大数据、云计算、人工智能等先进技术，可以实现对生产过程的实时监控、数据分析和预测。这有助于企业及时发现问题、调整生产计划，实现生产资源的优化配置。同时，智能化管理还可以提高劳动

者的工作效率，降低劳动强度，提升劳动生产率。随着云计算、大数据等技术的广泛应用，智能化管理将成为企业提升劳动生产率的重要手段。通过实时监控、数据分析和预测，企业可以更好地掌握生产情况，及时调整生产计划，实现生产资源的优化配置。最后，体现在人力资源质量提升增强创新能力。新质生产力的发展需要高素质的人力资源作为支撑。随着教育水平的提高和职业培训体系的完善，人力资源的知识和技能水平不断提升，能够更好地适应新技术、新工艺和新管理方法的要求。高素质的人力资源具备更强的创新意识和实践能力，能够推动生产技术的不断创新和生产效率的持续提高。同时，随着社会对创新和创业精神的倡导，人力资源的创新意识和实践能力也将得到进一步提升。这将为新质生产力的发展提供有力的人才保障。

以某制造企业为例，该企业通过引入先进的自动化生产线和智能控制系统，实现了对生产流程的全面优化。同时，企业还加强了员工培训和技能提升工作，培养了一批具备高技能和创新能力的劳动者。在新质生产力的推动下，该企业的劳动生产率显著提升，生产成本大幅降低，市场竞争力得到了显著增强。

（一）新质生产力推动技术进步的机制分析

随着科技的迅猛发展和全球竞争的加剧，新质生产力已成为推动技术进步的核心动力。新质生产力不仅通过技术创新、管理创新和组织创新等手段提高劳动生产率，更在深层次上推动了技术进步，引领了产业变革。因此，深入研究新质生产力推动技术进步的机制，对于加快科技创新、提升产业竞争力具有重要意义。

一是关于新质生产力的内涵及其与技术进步的关系。新质生产力是指通过技术创新、管理创新和组织创新等手段，推动生产过程的效率和质量提升的新型生产力。它与技术进步紧密相关，相互促进。技术进步是新质生产力发展的重要基础，而新质生产力是技术进步的重要推动力量。

二是关于新质生产力推动技术进步的机制分析。首先是技术创新引领机制。新质生产力以技术创新为核心，通过研发新技术、新工艺和新设备，推动技术进步。技术创新不仅提高了生产效率和质量，还催生了新的产业和商业模式，为经济社会发展注入了新的活力。同时，技术创新还带动了相关产业链的发展，形成了良性的产业生态。其次是知识溢出效应。在新质生产力的发展过程中，知识和技术的溢出效应显著。企业通过技术创新和管理创新，积累了大量的知识和经验，这些知识和经验在产业内部和跨产业间进行传播和共享，推动了整个社会的技术进步。此外，新质生产力还促进了产学研用的深度融合，加速了科技成果的转化和应用。再次是需求拉动机制。新质生产力的发展不仅推动了技术进步，还创造了新的市场需求。随着消费者需求的不断升级和多样化，企业对技术的需求也日益迫切。这种需求拉动了企业进行技术创新和产业升级，推动了技术进步。同时，新质生产力还促进了个性化定制、智能制造等新型生产方式的兴起，进一步满足了市场需求。最后是竞争驱动机制。在全球化的背景下，企业面临着激烈的国际竞争。为了保持竞争优势，企业必须不断进行技术创新和管理创新，提升自身的技术水平和竞争力。这种竞争驱动机制促使企业加大研发投入，提高创新能力，推动了技术进步。同时，竞争还促进了技术扩散和转移，推动了整个行业的技术进步。

在新能源汽车领域，新质生产力通过技术创新和产业链整合，推动了电池技术的突破和整车性能的提升；在人工智能领域，新质生产力通过算法优化和数据处理技术的创新，提高了人工智能的准确性和应用范围。在农业领域，新质生产力通过推广精准农业、智能农机等技术，实现农业生产的精细化和智能化。这不仅可以提高农作物的产量和品质，还可以减少农药和化肥的使用，保护环境。在服务业领域，新质生产力通过发展电子商务、智能客服等技术，实现服务流程的自动化和智能化。这不仅可以提高服务效率和质量，还可以提升客户体验，增强企业竞争力。

尽管新质生产力在推动技术进步方面取得了显著成效，但仍面临一些挑战。例如，技术创新的风险较高，需要加大投入和建立风险分担机制；同时，技术创新还需要与市场需求紧密结合，避免技术成果与市场脱节。为了应对这些挑战，应采取以下举措：一是加强科技创新体系建设，提高创新能力和效率；二是加强产学研用合作，促进科技成果的转化和应用；三是优化创新环境，激发创新活力；四是加强人才培养和引进，为技术创新提供有力的人才保障。

总而言之，新质生产力是推动技术进步的重要力量，它通过技术创新、知识溢出、需求拉动和竞争驱动等机制，促进技术进步和产业升级。未来，随着科技的不断发展和全球竞争的加剧，新质生产力将在推动技术进步方面发挥更加重要的作用。应加强研究和实践，充分发挥新质生产力的优势，推动经济社会持续健康发展。同时，还应关注新质生产力在推动技术进步过程中可能出现的问题和挑战，及时制定对策措施，确保技术进步能够真正地造福人类社会。

（二）新质生产力促进资源配置优化的机制分析

在全球化、信息化的时代背景下，新质生产力的发展成为推动经济增长、社会进步的关键因素。新质生产力不仅带来了技术创新和产业变革，更在深层次上改变了资源配置的方式和效率。因此，研究新质生产力如何促进资源配置优化具有重要的理论和实践意义。

新质生产力是指在科技创新、产业升级等因素推动下，形成的具有更高效率、更高附加值的生产能力。它与传统生产力的主要区别在于其创新性、高效性和可持续性。新质生产力的发展依赖科技进步、人才培养、制度创新等多方面的支撑。而资源配置优化是指在有限资源条件下，通过合理的配置方式，实现资源利用效率最大化和社会福利最大化的目标。在现代经济体系中，资源配置优化对于提升经济效率、促进可持续发展具有重要意义。优化资源配置可以减少资源浪费，提高经济效益；同时，也可以推动产业结构升级，增强经济竞争力。

新质生产力促进资源配置优化的机制主要体现在以下四个方面。一是技术创新引领资源配置优化。新质生产力的发展离不开技术创新的支撑。技术创新通过提高生产效率、降低生产成本、拓展应用领域等方式，推动资源配置向更高效、更合理的方向转变。例如，数字化、网络化、智能化等技术的应用，使得资源配置更加精准、高效。二是产业升级推动资源配置优化。新质生产力的发展促进了产业结构的升级和转型。随着新兴产业的崛起和传统产业的改造升级，资源配置逐步从低附加值、高污染、高能耗的领域转向高附加值、绿色环保、可持续发展的领域。

这种转变不仅提高了资源配置的效率，还促进了经济社会的可持续发展。三是市场需求驱动资源配置优化。新质生产力的发展往往伴随着消费结构的升级和市场需求的变化。消费者对高品质、个性化、绿色环保的产品和服务的需求不断增加，驱动着企业调整生产结构、优化资源配置。同时，市场竞争的加剧也促使企业不断提高资源配置效率，以降低成本、提高竞争力。四是制度创新保障资源配置优化。新质生产力的发展需要相应的制度环境和政策支持。通过完善市场机制、加强监管力度、优化营商环境等方式，可以为资源配置优化提供有力保障。此外，政府还可以通过制定产业发展规划、实施财税优惠政策等措施，引导资源向新兴产业和重点领域集聚，推动资源配置优化。

新质生产力的发展是推动资源配置优化的重要力量。通过技术创新、产业升级、市场需求驱动和制度创新等多方面的努力，可以实现资源利用效率最大化和社会福利最大化的目标。未来，随着科技的不断进步和经济社会的持续发展，新质生产力将在促进资源配置优化方面发挥更加重要的作用。为了充分发挥新质生产力在促进资源配置优化中的作用，需要加大科技创新投入，提升技术创新能力；推动产业升级和转型，优化产业结构；引导消费需求升级，培育新市场和新业态；完善市场机制和政策环境，为资源配置优化提供有力保障。

（三）新质生产力提升人力资源质量的机制分析

新质生产力提升人力资源质量的机制主要体现在以下几个方面：一是新质生产力的发展要求人力资源具备更高的素质和技能水平。随着科技的进步和产业结构的升级，新质生产力的涌现对人力资源的需求发生了显著变化。企业需要员工具备创新、学习、适应等能力，以应对日益复杂和多变的工作环境。因此，提升人力资源质量成为新质生产力发展的重要支撑。二是新质生产力的发展通过推动教育培训体系的改革和创新，提高人力资源的培养质量。教育培训体系是培养人力资源的重要途径，新质生产力的发展要求教育培训体系与时俱进，不断更新教学内容和方法，注重实践能力和创新能力的培养。通过加强与企业、行业的合作，实现产学研深度融合，为人力资源提供更为广阔的实践平台和学习机会。三是新质生产力的发展通过优化人才结构，提高人力资源的利用效率。新质生产力的涌现往往伴随着新兴产业的崛起和传统产业的转型升级，这要求人力资源在不同产业、不同领域之间进行合理的配置和流动。通过完善人才市场和就业服务体系，建立健全人才评价和激励机制，可以吸引和留住更多优秀人才，为新质生产力的发展提供坚实的人才保障。四是新质生产力的发展通过营造良好的企业文化和工作氛围，激发人力资源的积极性和创造力。企业文化是企业发展的重要软实力，良好的企业文化可以激发员工的归属感和使命感，提高员工的工作积极性和创造力。通过加强企业文化建设，营造积极向上的工作氛围，可以激发人力资源的潜力，推动新质生产力的持续发展。

三、工会高度重视劳动生产率的提高

（一）重视劳动生产率的提高是职责所在

国家统计局网站发布的《2023 年国民经济和社会发展统计公报》显示，2023 年我国全员劳动生产率为 161615 元 / 人，比 2022 年提高了 5.7%，这是全社会共同努力的结果。工会系统之所以高度重视劳动生产率的提高，是因为这是其维护劳动者权益、促进企业发展和社会进步的职责所在。

首先，工会作为劳动者的代表，始终关注劳动者的权益和利益。劳动生产率的提高意味着劳动者在单位时间内能够创造更多的价值，从而获得更高的劳动报酬和更好的工作条件。工会通过组织培训、技能提升等活动，帮助劳动者提高技能和素质，以适应新质生产力的需求，从而实现劳动生产率的提升。其次，工会也认识到劳动生产率的提高对于企业发展的重要性。企业是劳动者实现价值的重要平台，而劳动生产率的提高是企业提升竞争力、实现可持续发展的关键。工会通过与企业沟通协商，推动企业在改善工作环境、优化生产流程、提高管理水平等方面下功夫，从而为企业创造更多的经济效益和社会效益。最后，工会还关注劳动生产率的提高对于社会进步的影响。劳动生产率的提高不仅有助于推动经济发展，还能够提高社会整体的生活水平和质量。工会通过参与社会公益事业、推动社会公平正义等方式，积极履行社会责任，为社会的和谐稳定和发展作出贡献。

（二）工会积极担当作为

工会积极促进劳动生产率提高的方式是多元化的。一是工会通过组织各种形式的职业技能培训和竞赛活动，提升职工的技能水平和综合素质。这包括针对新入职员工的岗前培训，以及针对在职员工的技能提升培训。同时，工会还可以组织劳动技能竞赛，激发职工的学习热情和创新能力，进一步提高劳动生产率。二是工会积极参与企业的民主管理，通过职工代表大会等形式，让职工参与企业的决策过程。这不仅能增强职工的归属感和责任感，还能使他们更加了解企业的运营状况，从而有针对性地提高工作效率。三是工会通过建立和完善激励机制，激发职工的工作积极性。例如，设立劳动生产率提高奖，对在工作中表现出色、劳动生产率显著提高的职工进行表彰和奖励。这种正向激励可以促使职工更加努力地工作，进一步提高企业的整体劳动生产率。四是工会还关注职工的工作环境和身心健康，通过改善劳动条件、提供必要的劳动保护设施、组织健康检查等方式，保障职工的身心健康。一个健康、舒适的工作环境有助于职工保持良好的工作状态，从而提高他们的劳动生产率。五是工会在党委领导下，通过加强与其他组织如企业行政等沟通与协作，共同推进劳动生产率的提高。例如，工会可以与企业管理层共同制定劳动生产率提升计划，明确目标和措施；也可以配合各级党委政府，开展思想政治工作，引导职工树立正确的劳动观念和价值观。

四、提高劳动生产率所面临的机遇与挑战

新质生产力作为推动经济社会进步的重要力量，将大幅度提高劳动生产率。通过技术创新、管理创新和组织创新等手段，新质生产力能够优化资源配置、提高生产效率和质量、提升劳动者素质，从而实现劳动生产率的显著提升。然而，新质生产力的发展也面临着一些挑战，需要政府、企业和社会各方共同努力，加强科技创新、提升劳动者素质、优化政策环境等方面的工作，以推动新质生产力的快速发展和应用。

展望未来，随着科技的不断进步和创新，新质生产力

将不断涌现新的发展机遇和挑战。应持续关注和研究新质生产力的发展趋势和规律，加强国际交流与合作，共同推动全球劳动生产率的提升和经济社会的可持续发展。同时，还应积极探索新质生产力在其他领域的应用潜力，如环境保护、社会治理等，以充分发挥其在推动经济社会发展中的重要作用。

| 第五章 |

新质生产力有利于实现高质量充分就业

2024 年 1 月 31 日，习近平总书记在中央政治局第十一次集体学习时的讲话中特别强调，高质量发展需要新的生产力理论来指导，而新质生产力已经在实践中形成并展示出对高质量发展的强劲推动力、支撑力，需要我们从理论上进行总结、概括，用以指导新的发展实践。概括地说，新质生产力是创新起主导作用，摆脱传统经济增长方式、生产力发展路径，具有高科技、高效能、高质量特征，符合新发展理念的先进生产力质态。习近平总书记在党的二十大报告中指出，实施就业优先战略，促进高质量充分就业。这是党中央牢牢把握我国发展的阶段性特征对就业工作作出的重大战略部署。促进高质量充分就业，是推动经济高质量发展的内在要求，是提高人民生活品质的根本举措，是适应我国人口高质量发展的必然选择。二十届中央财经委员会第一次会议进一步对我国人口发展新形势、人口发展新常态作出分析研判，明确提出要加强人力资源开发利用，稳定劳动参与率，提高人力资源利用效率。

一、新质生产力助推高质量充分就业

新质生产力，作为现代经济社会发展的重要驱动力，正深刻改变着传统的生产方式和就业结构。随着科技的不断进步和产业的持续升级，新质生产力为市场带来了更多的就业机会，促进了就业质量的提升和就业结构的优化。深入探讨新质生产力对市场高质量充分就业的积极作用，分析其中的内在逻辑和机制，可以为相关政策的制定和实施提供有益的参考。

（一）什么是高质量充分就业

高质量充分就业研究是一个涉及多个层面的综合性问题，旨在探讨如何实现劳动力的充分就业并提高就业质量。该研究关注的核心是如何在经济发展过程中，使劳动力资源得到最优配置，同时提升劳动者的就业满意度和获得感。

高质量充分就业研究包含两个主要方面：一是就业的质量，二是就业的充分性。就业质量强调劳动者的工作环境、工作待遇、工资水平以及工作的稳定性等方面。高质量的就业意味着劳动者能够在良好的工作环境中，获得满意的待遇和稳定的收入，从而实现个人价值和社会价值的统一。而就业的充分性是指实现劳动力的全部就业，减少失业现象，使劳动力资源得到充分利用。这要求研究如何通过各种措施，如提升劳动者技能、优化产业结构、加强劳动力市场建设等，以此创造更多的就业机会，降低失业率，实现劳动力的充分就业。除此之外，高质量充分就业研究还需要关注劳动力市场的竞争性和灵活性，以及就业与经济发展、技术进步和产业升级的协调关系。通过深入研究这些方面，可以提出有效的政策措施和实施方案，促进高质量充分就业的实现。

（二）新质生产力与高质量充分就业的关系

事实证明，新质生产力与高质量充分就业之间存在紧密联系。新质生产力作为创新起主导作用的先进生产力质态，具有高科技、高效能、高质量的特征，其发展对高质量充分就业的实现起到了推动作用。

首先，新质生产力的发展能够创造更多的就业机会。随着科技创新和产业转型升级的推进，新质生产力不断涌现，带来了新的产业形态和经济增长点。这些新兴领域和行业的发展，需要大量的高素质劳动者支撑，从而创造了更多的就业机会，有助于实现劳动力的充分就业。其次，新质生产力的发展能够提高就业质量。新质生产力强调创新驱动和关键性颠覆性技术突破，这要求劳动者具备更高的技能水平和综合素质。因此，随着新质生产力的发展，劳动者需要不断提升自身的能力和素质，以适应新的就业需求。这种技能提升和素质提升的过程，不仅有助于劳动者获得更好的就业机会和待遇，还能够提高整体就业质量。最后，新质生产力的发展还能够促进就业结构的优化。随着新质生产力的推进，传统产业将逐渐转型升级，新兴产业将不断涌现。这将使就业结构更加合理和高级化，高端就业占比将明显提高，同时解决一些结构性就业问题。

新质生产力与高质量充分就业之间存在着相互促进的关系。新质生产力的发展能够推动高质量充分就业的实现，而高质量充分就业的实现又能够进一步促进新质生产力的发展。因此，在推动经济发展的过程中，应注重培育和发展新质生产力，同时关注就业问题，实现新质生产力与高质量充分就业的良性互动。

二、新质生产力促进市场高质量充分就业的机制

大力发展新质生产力不仅推动了经济的快速发展，也为社会创造了更多的就业机会。其作用机制主要体现在以下三个方面：一是技术创新带动就业增长。新质生产力的发展离不开技术创新的支持。随着新技术的不断涌现和应用，传统产业的生产方式发生了深刻变革，生产效率大幅提高，对人力资源的需求也相应减少。然而，技术创新同时也催生了大量新兴产业和新型业态，如互联网经济、智能制造、数字经济等，这些领域的发展为市场创造了大量新的就业机会。二是产业结构优化提升就业质量。新质生产力的发展推动了产业结构的优化升级。传统产业在技术创新和产业升级的过程中，逐步向高端化、智能化、绿色化方向发展，对劳动者的素质和能力提出了更高的要求。同时，新兴产业的快速发展也为劳动者提供了更多的就业选择，使就业结构更加多元化和合理化。这不仅提高了就业的整体质量，也促进了劳动力的合理流动和配置。三是

创业创新激发就业活力。新质生产力的发展为创业创新提供了广阔的空间和机遇。随着政策的支持和市场的开放，越来越多的创业者开始涉足新兴领域，通过技术创新和商业模式创新创造新的就业机会。同时，创业创新也激发了劳动者的积极性和创造力，使就业市场更加活跃和充满生机。

以互联网经济为例，新质生产力的快速发展为互联网经济提供了强大的动力。互联网经济以其独特的优势和特点，为市场创造了大量新的就业机会。一方面，互联网经济的发展催生了众多新兴职业，如电商主播、网络营销师、数据分析师等，为劳动者提供了更多的就业选择和机会。另一方面，互联网经济也促进了传统产业的转型升级，通过线上线下融合、跨界合作等方式，为传统产业注入了新的活力和动力。

（一）技术创新带动就业增长的机制

技术创新作为推动社会经济发展的重要动力，其在促进就业增长方面的作用日益凸显。深入探讨技术创新带动就业增长的机制，分析技术创新对就业结构、就业质量以及就业总量的影响，可以为政策制定提供理论支持和实践指导。随着科技的不断进步和全球化的深入发展，目前技术创新已成为推动经济发展的重要引擎。技术创新不仅提高了生产效率，降低了生产成本，还催生了新兴产业和就业岗位的涌现。因此，研究技术创新带动就业增长的机制，对于实现经济持续健康发展具有重要意义。

研究技术创新与就业增长之间的关系，涉及经济学、社会学、管理学等多个学科领域。关于技术创新与产业结构升级理论认为，技术创新是推动产业结构升级的关键因素，通过技术进步和产业升级，可以创造更多就业机会。关于技术创新，就业替代效应及就业创造效应理论认为，技术创新既可能替代传统就业岗位，也可能创造新的就业岗位。这两种效应在不同阶段、不同产业中的表现不同。

技术创新通过改变产业结构、行业分布和劳动力需求，对就业结构产生深远影响。技术创新推动传统产业向高端化、智能化、绿色化方向发展，同时催生新兴产业，促进就业结构向高技术、高附加值领域转移。技术创新导致不同行业的兴衰更替，劳动力在不同行业间的流动成为必然。

这种流动有利于优化人力资源配置，提高就业效率。因此，政府应加大对技术创新的投入力度，支持企业开展技术创新活动，推动产业结构升级，为就业增长创造更多机会。

一方面，技术创新对就业质量的影响巨大。技术创新在提高就业质量方面发挥了积极作用，主要表现在以下几个方面：一是提高劳动者素质与技能水平。技术创新要求劳动者具备更高的知识水平和技能素质，从而推动劳动者提升自身素质，提高就业竞争力。二是改善工作环境与劳动条件。技术创新带来的生产自动化、智能化降低了劳动强度，改善了工作环境，提高了劳动者的生活质量。三是增加劳动者的收入与福利待遇。技术创新提高了生产效率，为企业创造了更多利润，从而有可能提高劳动者的工资水平和福利待遇。因此，政府和社会应加强对劳动者的职业教育与培训，提高劳动者的技能水平和就业竞争力，以适应技术创新带来的就业需求变化。

另一方面，技术创新对就业总量的影响深刻，技术创新在促进就业总量增长方面具有显著作用。技术创新催生新兴产业、新业态和新模式，为劳动力市场注入新的活力，创造大量新的就业岗位。技术创新提高了劳动生产率，使得企业在保持或提高产出的同时，减少了对劳动力的需求，从而提高就业弹性。因此，政府应完善就业政策，消除劳动力流动的障碍，促进劳动力在不同行业、不同地区的自由流动，实现人力资源的优化配置。

（二）产业结构优化提升就业质量的机制

产业结构优化是经济发展过程中的重要环节，对于提升就业质量具有深远影响。深入剖析产业结构优化提升就业质量的机制，探讨产业结构升级对就业质量的改善作用，可以为政策制定提供理论支撑和实践指导。随着全球经济的不断发展和科技的不断进步，产业结构优化已成为推动经济发展的重要动力。产业结构优化不仅有助于提高经济效率，还对于提升就业质量具有重要意义。因此，研究产业结构优化提升就业质量的机制，对于实现经济高质量发展与就业市场的良性互动具有重要意义。

产业结构优化是指通过调整产业结构，实现资源的优化配置和产业的协调发展。一是产业结构演变规律。产业结构随着经济的发展而不断演变，从初级产业向高级产业逐步升级。在这一过程中，产业结构不断优化，为经济发展注入新的动力。二是主导产业选择理论。主导产业的选择对于产业结构优化至关重要。通过选择具有发展潜力和竞争优势的产业作为主导产业，可以带动整个产业结构的升级。三是产业结构优化对就业结构的影响。产业结构优化通过改变产业间的比例关系和内部构成，对就业结构产生深远影响。四是就业结构的调整与变化。随着产业结构的优化升级，传统产业的就业比重逐渐下降，而新兴产业的就业比重则不断上升。这种调整有助于优化就业结构，提高就业效率。五是劳动力市场的变化与适应。产业结构优化导致劳动力市场的需求和供给发生变化。劳动者需要不断提升自身素质和技能水平，以适应新的就业需求。同时，政府和企业也需要加强职业培训和就业指导，帮助劳动者顺利转岗就业。

关于产业结构优化对就业质量的提升作用，主要表现在以下几个方面：一是提高劳动者收入水平。随着产业结构的优化升级，新兴产业的发展为劳动者提供了更多高薪酬的就业机会。同时，产业结构优化也促进了劳动生产率的提高，进一步提高了劳动者的收入水平。二是改善工作环境与劳动条件。产业结构优化推动了企业的技术进步和产业升级，使工作环境和劳动条件得到改善。劳动者的工作安全性、舒适度和健康保障得到提升，从而提高了就业质量。三是提升劳动者职业发展空间。产业结构优化催生了更多的高技术、高附加值产业，为劳动者提供了更广阔的职业发展空间。劳动者可以通过不断学习和提升自己的技能水平，实现职业晋升和事业发展。

为了充分体现产业结构优化在提升就业质量方面的实际效果，应扎实推进相关工作：一要加大产业结构调整力度。政府应加大对产业结构调整的投入力度，推动传统产业转型升级和新兴产业的培育发展。通过优化产业结构，为就业质量的提升创造有利条件。二要加强职业教育与培训。政府和社会应加强对劳动者的职业教育与培训，提高劳动者的技能水平和就业竞争力。同时，还应建立完善的职业培训体系，为劳动者提供终身学习的机会。三要完善就业政策与服务体系。政府应完善就业政策，消除就业障碍，促进劳动力市场的公平竞争。同时，还应加强就业服务务体系建设，为劳动者提供全方位的就业指导和支持。

（三）创业创新激发就业活力的机制

随着全球化的加速和科技的飞速发展，创业创新已成为推动经济社会发展的重要引擎。深入研究创业创新激发就业活力的机制，旨在揭示创业创新在促进就业方面的积极作用，可以为政策制定和实践操作提供理论依据和指导。

创业创新作为推动经济发展的重要力量，对于激发就业活力具有重要意义。在当前经济形势下，如何通过创业创新促进就业，提高就业质量，已成为社会各界关注的焦点。当下创业创新涉及创业活动和创新行为的有机结合，具有创新性、风险性、市场导向性等特征。创业创新活动不仅有助于推动技术进步和产业升级，还能为就业市场带来新的机遇和挑战。目前，创业创新包括创办新企业或开展新业务，以及通过引入新技术、新产品、新市场或新组织方式等创新行为来推动企业发展。创业创新具有创新性，能够打破传统模式，推动产业变革；也具有风险性，需要承担市场、技术、管理等多方面的风险；同时还具有市场导向性，以市场需求为导向，通过满足消费者需求实现商业价值。

关于创业创新对就业活力的影响机制，一般而言是，创业创新通过创造就业机会、提高就业质量、优化就业结构等方面激发就业活力，为经济社会发展注入新的动力。一是创造就业机会。创业创新活动能够催生新的产业、新的业态和新的岗位，为劳动者提供更多的就业机会。同时，创业创新还能带动相关产业的发展，形成产业链效应，进一步扩大就业规模。二是提高就业质量。创业创新活动有助于提升劳动者的技能水平和综合素质，使其更好地适应市场需求。同时，创业创新还能推动劳动报酬的提高，改善劳动者的工作环境和福利待遇，从而提高就业质量。三是优化就业结构。创业创新能够推动产业结构升级和劳动力市场的优化。通过发展新兴产业和改造传统产业，创业创新有助于实现劳动力从低附加值产业向高附加值产业的转移，优化就业结构。

为了充分发挥创业创新在激发就业活力方面的实际效果，应努力做好以下几项工作。一要营造良好的创业创新环境。各级政府应加大对创业创新的支持力度，优化政策环境，降低创业门槛和成本。同时，加强创业创新教育和培训，提高劳动者的创业创新能力和素质。二要加强创业创新服务平台建设。政府和社会应共同构建创业创新服务平台，为创业者提供政策咨询、融资支持、市场开拓等全方位服务。通过平台的力量，推动创业创新成果的转化和应用。三要完善就业政策与服务体系。政府应完善就业政策，促进劳动力市场的公平竞争。同时，加强就业服务体系建设，为劳动者提供职业指导和就业援助等服务，帮助其顺利实现就业。

三、为高质量充分就业注入工会动能

习近平总书记强调，就业是最大的民生工程、民心工程、根基工程，必须抓紧抓实抓好。

（一）就业是最大的民生

工会高度重视高质量充分就业研究，这是因为就业是民生之本，是人民群众实现美好生活的基础和前提。工会作为维护职工权益、促进劳动关系和谐稳定的重要力量，自然要将高质量充分就业研究放在重要位置。

首先，工会通过高质量充分就业研究，能够更深入地了解当前就业市场的现状和未来发展趋势，为职工提供更精准、更有效的就业服务。工会可以针对职工的技能水平、工作经验和兴趣爱好等因素，制定个性化的就业指导方案，帮助他们找到适合自己的工作岗位，实现更好的职业发展。其次，工会通过高质量充分就业研究，可以积极推动企业和社会创造更多的就业机会。工会可以与政府、企业和社会组织等多方合作，共同开展职业技能培训、创业扶持等项目，提升职工的就业能力和竞争力，同时推动经济社会的持续健康发展。最后，工会还通过高质量充分就业研究，关注职工的就业质量和工作环境。工会可以推动建立健全的劳动保障制度，保障职工的合法权益，改善他们的工作条件和生活环境，从而提高职工的就业满意度和幸福感。

（二）为实现高质量充分就业而奋斗

工会全面促进高质量充分就业是一个系统性、综合性的工作，涉及以下多个层面和措施。

一是注重加强就业服务体系建设。工会致力于建立和完善就业服务体系，为职工提供全方位、个性化的就业指导和帮助，包括设立就业服务中心或平台，提供职业咨询、岗位推荐、技能培训等服务，帮助职工提升就业竞争力，实现精准就业。二是注重深化职业技能培训。工会注重提升职工的职业技能水平，以满足市场需求和提高职工的就业能力。通过与职业培训机构、企业等合作，开展针对性的技能培训项目，包括新技能培训、转岗培训、创业培训等，帮助职工适应产业升级和岗位变化。三是注重促进企业与职工的有效对接。工会积极搭建企业与职工之间的桥梁，推动企业与职工之间的有效对接。通过举办招聘会、开展校企合作、建立就业信息共享机制等方式，促进企业与职工之间的信息沟通和合作，提高就业成功率。四是注重加强劳动权益保障。工会注重维护职工的劳动权益，推动建立健全的劳动保障制度。通过参与劳动法规的制定和实施，监督企业的用工行为，保障职工的合法权益，为职工创造一个公平、公正的就业环境。五是注重推动创新创业。工会鼓励职工积极参与创新创业，通过提供创业指导、资金扶持、项目对接等服务，帮助职工实现创业梦想。同时，工会还推动企业的内部创新，激发职工的创造力和创新精神，推动企业的发展和转型升级。六是注重加强就业监测与评估。工会密切关注就业市场的变化和趋势，加强就业监测和评估工作。通过对就业数据的收集和分析，及时了解职工的就业状况和需求，为制定更加精准的就业政策提供依据。

四、高质量充分就业的未来趋势

就业是最大的民生，实现高质量更加充分就业深刻体现了就业质量和就业数量的有机结合，是中国特色社会主义进入新时代，就业工作主动适应我国社会主要矛盾已经转化为人民日益增长的美好生活需要和不平衡不充分的发展之间的矛盾的自我扬弃与积极深化。在新时代新发展阶段，我们要全面深入贯彻新发展理念，认真贯彻落实习近平总书记关于新就业形态与平台经济的重要指示精神，全力以赴抓好新就业形态劳动者建工会、入工会和维权服务工作，努力为他们办实事、解难题，不断满足他们对美好生活的向往。

2024年3月7日，习近平总书记在出席十四届全国人大二次会议解放军和武警部队代表团全体会议时的讲话中指出："新兴领域发展从根本上说源于科技的创新和应用。要增强创新自信，坚持以我为主，从实际出发，大力推进自主创新、原始创新，打造新质生产力和新质战斗力增长极。要把握新兴领域交叉融合发展特征，加强集成创新和综合应用，推动形成多点突破、群体迸发的生动局面。"

新质生产力的发展对市场高质量充分就业具有积极的推动作用。通过技术创新、产业结构优化和创业创新等机制，新质生产力为市场创造了更多的就业机会，提高了就业的整体质量和水平。随着科技的不断进步和产业的持续优化升级，新质生产力将继续发挥重要作用，推动市场高质量充分就业的实现。因此，应该加强对新质生产力的研究和应用，充分发挥其在促进就业方面的积极作用，为经济社会的持续健康发展提供有力支撑。未来，可以预见以下几种发展趋势：一是技术创新将更加活跃，为就业市场创造更多机会；二是产业结构将进一步优化升级，提高就业的整体质量和水平；三是创业创新将更加受到重视和支持，激发更多的就业活力和创造力；四是政策将更加关注就业市场的需求和变化，为劳动者提供更好的就业保障和服务。

| 第六章 |

新质生产力将深刻改善劳动关系

2023年10月23日，习近平总书记在中南海同中华全国总工会新一届领导班子成员集体谈话时指出，要把广大职工群众紧密团结在党的周围，为实现党的中心任务而团结奋斗。要围绕贯彻新发展理念、构建新发展格局、推动高质量发展，广泛深入开展各种形式的劳动和技能竞赛，激发广大职工的劳动热情、创造潜能，在各行各业各个领域充分发挥主力军作用。要大力弘扬劳模精神、劳动精神、工匠精神，发挥好劳模工匠示范引领作用，激励广大职工在辛勤劳动、诚实劳动、创造性劳动中成就梦想。要围绕深入实施科教兴国战略、人才强国战略、创新驱动发展战略，深化产业工人队伍建设改革，加快建设一支知识型、技能型、创新型产业工人大军，培养造就更多大国工匠和高技能人才。工会作为职工利益的代表者和维护者，要认真履行维权服务基本职责，着力解决关系职工群众切身利益的实际问题，重视维护新就业形态劳动者的合法权益。

一、新质生产力与劳动关系调整的逻辑内涵

随着科技的飞速发展和产业的持续升级，新质生产力正逐渐成为推动经济社会发展的重要力量。它不仅改变了传统的生产方式，更对劳动关系产生了深远的影响。新质生产力的崛起，使劳动关系逐渐从传统的对立和冲突转向合作与共赢，为构建和谐稳定的劳动关系提供了有力的支撑。深入研究探讨新质生产力如何深刻改善劳动关系，可以为相关政策的制定和实施提供有益参考。

（一）什么是劳动关系

劳动关系是一门专注于探讨劳动者与用人单位之间关系的学科。它深入剖析劳动者与用人单位在工作时间、休息时间、劳动报酬、劳动安全、劳动卫生、劳动纪律及奖惩、劳动保护、职业培训等方面所形成的各种关系。此外，劳动关系还涉及劳动行政部门、工会与用人单位、劳动者之间的复杂互动关系。

劳动关系研究的核心在于解决实际问题，它强调兼顾各方利益，以协商为主，遵循法律，并注重劳动争议的预

防。为了改善内部的劳资关系，企业可以采取多种途径，如立法、发挥工会及企业党组织的作用、培训主管人员、提高职工的工作生活质量以及鼓励职工参与民主管理等。作为一门交叉学科，劳动关系研究采用了多学科的研究方法，包括管理学、经济学、法学、社会学、心理学、历史学、政治学等，以便从多角度、多层次对劳动关系进行深入研究。这些研究方法不仅可以帮助我们理解劳动关系的本质和运行机制，还可以为制定和执行有效的劳动政策提供理论支持和实践指导。

因此，研究劳动关系具有重要的理论和实践意义，不仅有助于维护劳动者和用人单位的合法权益，促进劳动关系的和谐稳定，还有助于推动社会经济的持续健康发展。

（二）新质生产力与劳动关系的相互作用

新质生产力与劳动关系的相互作用是一个具有深远意义的课题。新质生产力，作为由技术革命性突破、生产要素创新性配置、产业深度转型升级催生的当代先进生产力，对劳动关系有显著而深远的影响。

首先，新质生产力的出现推动了劳动关系的转型和升级。随着新技术的广泛应用和产业的深度转型升级，传统的工作岗位和职责逐渐被新型的工作方式和职业角色替代。这使劳动者与用人单位之间的关系发生了根本性的变化，从传统的固定岗位、固定时间向更加灵活、个性化的方向转变。同时，新质生产力也促进了劳动力的流动和重新配置，使劳动者可以更加自由地选择职业和工作地点，从而进一步加剧了劳动关系的动态性和复杂性。其次，新质生产力对劳动关系的管理提出了更高的要求。在新质生产力的推动下，企业需要构建更加开放、协作的工作环境，实现全新的工作模式和生产方式。这就要求企业人力资源管理部门需要站在战略高度，利用新质生产力洞察行业趋势、分析人才市场动态，以及预测未来的人力资源需求。同时，企业还需要加强劳动者的培训和教育，提升他们的技能和素质，以适应新质生产力带来的变革。最后，新质生产力也为劳动关系的和谐发展提供了新的机遇。通过应用新技术和新模式，企业可以优化工作流程、提高工作效率、降低生产成本，从而为劳动者提供更好的工作环境和福利待遇。同时，新质生产力还可以促进劳动者与用人单位之间的沟通和协作，增强彼此之间的信任和合作，进一步推动劳动关系的和谐发展。

以智能制造领域为例，新质生产力的应用使企业实现了生产自动化和智能化，提高了生产效率和质量。同时，企业也更加注重员工的培训和教育，提升员工的技能和素质。此外，企业还通过采用民主化的管理方式，鼓励员工参与决策和管理过程，增强了员工的归属感和满意度。这些措施的实施，使劳动关系得到了显著改善，员工与企业之间的关系更加和谐稳定。

二、新质生产力影响劳动关系的具体表现

新质生产力是指在科技进步和创新的推动下，通过引入新技术、新工艺和新管理方法，实现对传统生产力的改造和升级。它具有创新性、高效性、智能性等特征，能够显著提高生产效率和产品质量，降低生产成本和资源消耗。新质生产力的出现，不仅推动了经济的快速发展，也为劳动关系的改善提供了重要的契机。

新质生产力影响劳动关系的具体表现主要集中在以下

两个方面：一方面，新质生产力的发展使劳动力市场的需求结构发生变化，对劳动者的素质和技能提出了更高的要求，从而促进了劳动者自身能力的提升和职业发展。另一方面，将促进产生新型劳动关系，使平台企业加速朝着分散化、灵活化、网络化、平台化等方向发展，催生劳动关系灵活化、就业无界化、工作安排去组织化等用工模式，需要完善相关法律法规，为劳动者提供更好的权益保障。

（一）促进劳动者提升素质与技能，增强就业竞争力

新质生产力的发展要求劳动者具备更高的素质和技能。为了适应这一变化，劳动者需要不断提升自身的知识和技能水平，增强自身的就业竞争力。同时，企业也更加注重员工的培训和教育，通过提供各种培训和学习机会，帮助员工提升自身能力，实现个人价值和企业价值的共同提升。这种双赢的局面有助于改善劳动关系，减少劳资冲突，推动民主化管理，增强劳动者话语权。

随着全球化的加速推进和科技的飞速发展，劳动力市场竞争日益激烈。劳动者要想在竞争中脱颖而出，必须不断提升自身的素质与技能。提升劳动者素质与技能不仅是

劳动者个人发展的需要，也是国家经济发展和社会进步的重要保障。因此，深入研究提升劳动者素质与技能对增强就业竞争力的机制，对于指导劳动者提升自身竞争力、促进经济发展具有重要意义。

毋庸置疑，劳动者素质与技能的提升对于增强其就业竞争力具有至关重要的作用。首先，提升素质与技能有助于劳动者适应不断变化的市场需求，提高就业机会。随着产业结构的调整和升级，对劳动者的素质与技能要求也越来越高。具备较高素质与技能的劳动者更有可能获得优质的工作岗位和更高的薪酬待遇。其次，提升素质与技能有助于劳动者在工作中更好地发挥个人潜能，提高工作效率和质量。具备专业技能和知识的劳动者能够更好地应对工作中的挑战，为企业创造更大的价值。最后，提升素质与技能有助于劳动者实现个人职业发展和提升社会地位。通过不断学习和进步，劳动者可以逐步晋升到更高的职业层次，实现个人价值的最大化。

在发展新质生产力的过程中，劳动者素质与技能的提升受到多种因素的影响。首先，教育水平是影响劳动者素质与技能提升的关键因素。教育是提高劳动者素质与技能的基础，通过接受系统的教育，劳动者可以掌握基础知识和专业技能，为未来的职业发展打下坚实基础。其次，职业培训也是提升劳动者素质与技能的重要途径。职业培训能够针对市场需求和劳动者个人需求，提供具有针对性的技能培训，帮助劳动者快速提升技能水平。最后，社会环境和政策因素也对劳动者素质与技能的提升有重要影响。政府应加大对劳动者教育和培训的投入，完善相关政策措施，为劳动者提供良好的学习和发展环境。

提升劳动者素质与技能对增强就业竞争力的机制主要体现在以下几个方面：一是素质与技能提升促进劳动者适应市场需求。随着经济的发展和产业结构的调整，市场对劳动者的需求也在不断变化。具备较高素质与技能的劳动者更能适应这种变化，从而获得更多的就业机会。二是素质与技能提升提高劳动者的工作效率和质量。具备专业技能和知识的劳动者在工作中能够更好地应对各种挑战，提高工作效率和质量，为企业创造更大的价值。三是素质与技能提升促进劳动者职业发展。通过不断学习和提升素质与技能，劳动者可以逐步晋升到更高的职业层次，实现个人价值的最大化。四是素质与技能提升增强劳动者的社会竞争力。在激烈的市场竞争中，具备较高素质与技能的劳动者更容易脱颖而出，以获得更好的薪酬待遇和职业发展机会。

未来促进劳动者素质与技能提升的途径：一要切实加强基础教育，提高劳动者的基本素质。政府应加大对基础教育的投入，提高教育质量和普及率，确保每位劳动者都能接受到良好的基础教育。同时，学校应注重培养学生的创新能力和实践能力，为他们未来的职业发展打下坚实的基础。二要积极开展职业培训，提升劳动者的专业技能。企业应加强与职业培训机构的合作，根据市场需求和岗位特点，为劳动者提供具有针对性的技能培训。此外，政府也应出台相关政策，鼓励和支持劳动者参加职业培训，提高他们的技能水平。三要全面推行终身学习理念，鼓励劳动者自主学习。劳动者应树立终身学习的理念，不断更新自己的知识和技能，以适应不断变化的市场需求。同时，政府和社会也应为劳动者提供多样化的学习资源和学习平台，方便他们进行自主学习和自我提升。四要有效加强政策引导，营造良好的学习氛围。政府应出台相关政策，鼓励企业加大对劳动者素质与技能提升的投入，同时加大对优秀学习者的表彰和奖励力度，激发劳动者的学习热情和积极性。

（二）促进产生新型劳动关系，提出劳动者权益保障新问题

新质生产力的不断发展，将对劳动用工形式、产业结构和技术革新产生深远影响，进而促进新型劳动关系的产生与发展。第一，在新质生产力的作用下，催生了众多采取平台组织模式的数字化企业，促进其组织形式发生变革，加速朝着分散化、灵活化、网络化、平台化等方向发展，对相关产业的发展趋势产生影响；第二，在新质生产力的作用下，新型劳动关系将进一步发展，催生劳动关系灵活化、就业无界化、工作安排去组织化等新业态，产生以互联网为基础的“网签加盟”、“合作合营”、“利益分成”等新型用工合作模式，使劳动关系、劳动时间和管理方式更加灵活和便捷。

劳动法规是规范劳动关系、保障劳动者权益的重要法律制度。在新质生产力不断发展的背景下，需重点关注劳动者权益保障政策过时、制度短板等问题，积极发挥各部门职能优势，更加高效便捷地为劳动者解决问题。

当前，劳动法规在实践中仍存在一些问题：一是劳动法规体系不完善。目前，我国劳动法规体系尚不完善，存在诸多空白和漏洞。一些新兴领域如共享经济、网络平台等缺乏明确的法律规范，导致劳动者权益难以得到有效保障；一些传统领域的劳动法规也存在过时、不适应等问题，无法满足现实需求。二是劳动法规执行不力。尽管我国已经建立了较为完善的劳动法规体系，但在实际执行过程中仍存在一些问题。一些用人单位为追求经济效益，往往忽视劳动法规的规定，侵犯劳动者权益；同时，一些地方政府和监管部门也存在执法不严、监管缺失等问题，导致劳动法规的权威性和有效性受到质疑。三是劳动者权益保护意识不强。劳动者自身对权益保护的意识不强也是导致劳动法规执行不力的重要原因之一。一些劳动者对劳动法规的内容了解不足，缺乏维权意识和能力；同时，一些劳动者在面对用人单位的侵权行为时，往往选择忍气吞声，不愿或不敢维权。

未来完善劳动法规的具体路径和措施主要包括：一要加强劳动法规体系建设。针对当前劳动法规体系不完善的问题，应加强对新兴领域的研究和探索，制定适应时代发展的劳动法规；同时，对传统领域的劳动法规进行修订和完善，确保其与时俱进、符合实际需求。此外，还应加强劳动法规与其他相关法律法规的衔接和协调，形成完整、统一的法律体系。二要加大劳动法规执法力度。为确保劳动法规的有效执行，应加大对用人单位的执法力度，对违法行为进行严厉打击和处罚；同时，加强对地方政府和监管部门的监督和管理，确保其依法履职、严格执法。此外，还应建立健全劳动者维权机制，为劳动者提供便捷的维权渠道和有效的法律援助。三要提高劳动者权益保护意识。加强劳动者权益保护意识的培养是完善劳动法规的重要环节。应通过开展宣传教育、培训活动等方式，提高劳动者对劳动法规的认知和理解；同时，鼓励劳动者积极参与维权行动，增强他们的维权能力和信心。此外，还应加强社会舆论的监督作用，形成全社会共同关注劳动者权益的良好氛围。

三、构建和谐劳动关系的工会担当

（一）工会高度重视劳动关系协调

工会高度重视劳动关系的协调工作，这是因为和谐的劳动关系是保障职工权益、促进企业发展和社会稳定的重要基石。在发展新质生产力过程中，工会作为职工的代表和维护者，肩负着维护职工合法权益、促进劳动关系和谐稳定的重任。

首先，工会致力于推动建立健全的劳动关系协调机制。通过参与企业内部的协商谈判，工会与企业管理层共同制定和执行劳动规章制度，确保职工的合法权益得到充分保障。同时，工会还积极参与劳动争议调解工作，帮助职工解决劳动纠纷，维护劳动关系的和谐稳定。其次，工会注重加强职工教育和培训，提高职工的素质和技能水平。通过组织各类培训课程和学习活动，工会帮助职工提升自身能力，增强就业竞争力，为更好地适应市场需求和企业发展做好准备。再次，工会还关注职工的工作环境和福利待遇。通过与企业协商，工会努力改善职工的工作条件，提高劳动保护水平，确保职工能够在安全、健康的环境中工作。与此同时，工会还积极争取合理的薪酬福利制度，保障职工的收入水平和生活质量。最后，在协调劳动关系的过程中，工会还注重加强与企业和社会各界的沟通与合作。工会通过与其他组织和部门建立良好的合作关系，共同推动劳动关系的和谐发展，为企业和社会的繁荣稳定贡献力量。

（二）工会具体协调劳动关系的举措

进入新时代新征程，工会在协调劳动关系方面采取了更加积极、全面和创新的措施，以适应新时代的需要（其中包括新质生产力发展的需要）和满足职工的新期待。

一是切实加强民主管理与参与。工会积极推动建立以职工代表大会为基本形式的民主管理制度，确保职工能够充分参与企业的决策和管理过程。通过丰富职工民主参与形式，畅通民主参与渠道，工会鼓励职工积极表达自己的意见和诉求，为企业的发展建言献策。二是普遍建立健全矛盾调处机制。工会注重从源头上预防和化解劳资纠纷，采取以预防为主、基层为主、调解为主的工作方针。通过建立劳动关系个体和群体性纠纷的经常性排查和动态监测预警制度，工会能够及时发现并解决劳动关系领域的潜在问题，有效防范群体性事件的发生。三是注重提升工会干部的业务素质。工会干部是协调劳动关系的重要力量。新时代下，工会加强对干部的培训和教育，提升他们的理论素养和业务素质。通过组织形式多样的培训学习活动，工会干部能够更好地了解劳动法律法规，掌握劳动争议调解技巧，提升解决劳动矛盾和问题的能力。四是锐意创新工作理念和方法。工会积极创新工作理念，树立中国特色社会主义维权观，增强促进企业发展、维护职工权益的观念。同时，工会还不断探索新的工作方法和手段，如利用互联网和大数据技术，建立线上服务平台，提供更加便捷、高效的劳动关系协调服务。五是充分加强与其他组织和部门的合作。工会注重加强与社会各界、政府部门和其他组织的合作与沟通。通过与劳动监察部门、企业协会等建立合作机制，共同推动劳动关系的和谐发展。同时，工会还积极参与社会治理创新，为构建和谐劳动关系贡献力量。

四、劳动关系的改善与发展

新质生产力的发展对劳动关系的改善具有积极的推动作用。通过提升劳动者素质与技能、推动企业民主管理以及完善劳动法规等措施的实施，新质生产力使劳动关系逐渐从对立和冲突转向合作与共赢。随着科技的进一步发展和新质生产力的深入应用，劳动关系将继续得到改善和优化，为经济社会的持续健康发展提供有力支撑。因此，应该加强对新质生产力的研究和应用，充分发挥其在改善劳动关系方面的积极作用，为构建和谐稳定的劳动关系贡献力量。

未来，可以预见以下几个发展趋势：一是劳动者素质与技能将持续提升，就业市场将更加多元化和更具包容性。二是民主化管理将成为企业管理的主流模式，劳动者的参与度和话语权将得到进一步增强。三是劳动法规将更加完善和执行更加有力，为劳动者提供更加全面和有效的权益保障。四是劳动关系将更加和谐稳定，为企业的发展和社会的进步提供有力支撑。

聚焦高质量发展这个首要任务，着力培育新质生产力，我们要坚决维护劳动领域政治安全，维护企业和社会大局和谐稳定。贯彻总体国家安全观，坚持一手抓防范化解，一手抓引领构建，健全维护劳动领域政治安全的长效机制。常态化开展劳动关系领域风险隐患专项排查化解工作，举一反三、见微知著、抓早抓小，坚决防止小事拖大、大事拖炸。发挥“12351”职工维权服务热线作用，加强工会信访问题源头治理，努力提升维护职工合法权益和维护劳动领域政治安全能力。充分发挥部委协同、地方联动机制作用，做好监测预警、分析研判、应急处置等工作，积极协助党委、政府和有关方面将劳动关系领域矛盾纠纷解决在基层、化解在萌芽状态。严格落实意识形态工作责任制，管好用好工会各级各类宣传教育阵地，牢牢掌握劳动领域网络舆论斗争主动权，维护劳动领域意识形态安全。

| 第七章 |

发展新质生产力有助于实现共同富裕

2024年3月5日，习近平总书记在参加十四届全国人大二次会议江苏代表团审议时的讲话中特别强调："要牢牢把握高质量发展这个首要任务，因地制宜发展新质生产力。面对新一轮科技革命和产业变革，我们必须抢抓机遇，加大创新力度，培育壮大新兴产业，超前布局建设未来产业，完善现代化产业体系。"共同富裕作为社会主义的本质要求，体现了社会的公正和公平，是新时代中国特色社会主义的重要目标之一。新质生产力作为现代经济社会发展的重要驱动力，不仅推动了生产方式的深刻变革，也为实现共同富裕提供了有力的支撑。

一、新质生产力引领共同富裕之路

（一）什么是共同富裕

扎实推进共同富裕研究是一个涉及多个维度和层面的综合性课题。共同富裕是经济学领域的概念，反映了社会对财富的创造和分配方式。在这个系统中，“富裕”代表了社会对财富的拥有，是社会生产力发展水平的体现；“共同”则体现了社会成员对财富的占有方式，是社会生产关系性质的体现。

扎实推进共同富裕研究涵盖了多个方面。从基本内涵来看，共同富裕不仅是物质生活的富裕，还包括精神生活的富裕。它要求从部分到整体的逐步富裕，允许一部分人、一部分地区先富起来，然后先富带动后富，最终实现整体富裕。这种富裕不是简单的同步富裕或绝对平均主义，而是有差异的富裕，反映了社会成员在财富占有上的公平性。我们在研究扎实推进共同富裕的实现路径时，必须自觉地用系统观念来指导研究工作。这需要将共同富裕放在社会主义运动总体发展的大背景下，结合中国特色社会主义伟大实践进行深入研究。这包括发展生产力与优化生产关系的二维融合视阈，即通过发展社会生产力，提高社会财富的创造能力，同时优化生产关系，确保社会财富的合理分配。此外，扎实推进共同富裕研究还需要关注低收入群体的现状和需求，了解他们的收入、就业、教育、医疗、住房等方面的情况，以便制定有针对性的支持政策。同时，也需要分析现实收入差距的原因和趋势，找出导致收入差距扩大的因素，制定政策适当缩小收入差距，避免影响社会的稳定和发展。

（二）新质生产力与共同富裕的关系

新质生产力与共同富裕之间存在密切的关系。未来需要继续深入研究和探讨二者之间的内在联系和作用机制，以更好地指导实践并推动共同富裕事业的发展。

首先，新质生产力的发展是推动经济社会高质量发展的重要着力点，而高质量发展是促进共同富裕的关键。只有不断解放和发展社会生产力，推动经济社会高质量发展，才能为促进共同富裕和全面建设社会主义现代化国家奠定坚实的物质财富和精神财富基础。其次，新质生产力的发展有助于做大蛋糕，即实现经济的高质量发展，增强经济实力与综合国力，以强大的物质财富和精神财富作为分配的基础。这为实现共同富裕提供了重要的物质基础。同时，新发展理念在实现中国经济高质量发展的过程中具有重要作用，其中创新、协调、绿色、开放、共享的理念是实现高质量发展的“指挥棒”和“红绿灯”。这些理念同样适用于共同富裕的实现过程。最后，从战略支撑、产业支撑、金融支撑、基础支撑和目标引领等角度来看，新质生产力为共同富裕提供了全面的支持和保障。因此，可以说新质生产力是共同富裕的重要推动力之一。

二、新质生产力促进共同富裕的具体路径

新质生产力的崛起，不仅推动了经济的快速发展，也为实现共同富裕提供了重要契机。

一般来说，新质生产力对共同富裕的推动作用主要体现在以下几个方面：首先，新质生产力的发展提高了全要素生产率，使社会财富得以快速增长，为共同富裕奠定了物质基础。其次，新质生产力的发展推动了产业结构的优化升级，促进了经济的多元化发展，为更多人提供了就业机会和创业空间。再次，新质生产力的发展加速社会保障制度的完善，从而改善全社会的福利状况。最后，新质生产力的发展也促进了社会公平和正义，通过改善劳动条件、提高劳动者待遇等方式，缩小了收入差距，推动了共同富

裕的实现。

（一）提高全要素生产率、增加社会财富

新质生产力提高全要素生产率、增加社会财富的机制研究是一个复杂而深入的课题，涉及生产力的创新、生产要素的优化配置以及社会财富的增长等多个方面。首先，新质生产力的核心在于“新”和“质”的提升。新质生产力的“新”体现在新要素、新技术、新产业的涌现，这些新兴元素为经济发展注入了新的活力。而“质”的提升表现为高质量、多质性、双质效的特点，使生产力在效率和质量上都得到了显著提升。其次，新质生产力以科技创新为轴心，将要素系统革新的牵引力通过技术系统这一媒介传导至产业系统，最终实现对传统生产力三大系统的全面重塑。在这一过程中，科技创新发挥了关键作用，推动了生产要素的优化配置，提高了资源利用效率，从而提升了全要素生产率。而全要素生产率的提升意味着在同样的生产要素投入下，能够获得更多的产出。这不仅能够提高生产效率，降低生产成本，还能够推动产业升级和转型，为经济发展注入新的动力。同时，全要素生产率的提升还有

助于优化资源配置，减少资源浪费，提高经济效益和社会效益。随着全要素生产率的提升，社会财富也会相应增加。这是因为全要素生产率的提升意味着生产能力的增强，能够创造更多的社会财富。此外，新质生产力的发展还能够带动相关产业的发展，形成产业链和产业集群，进一步推动社会财富的增长。然而，新质生产力的提升并不是一蹴而就的，需要政府、企业和工会等社会各方的共同努力。政府需要制定相关政策，为新质生产力的发展提供支持和保障；企业需要加大科技创新投入，提高自主创新能力；工会等社会各方也需要积极参与，共同推动新质生产力的发展。

新质生产力通过提高全要素生产率，推动社会财富的增长。这一机制的实现需要政府、企业和工会等社会各方的共同努力和配合。随着新质生产力的不断发展，我们有理由相信未来社会财富将会实现更加快速和可持续的增长。新质生产力通过引入先进的技术和工艺，提高了劳动生产率，使社会财富得以快速增长。这种增长不仅体现在物质财富的增加上，更体现在科技、文化、教育等各个领域的全面进步上。随着社会财富的不断积累，人们的生活水平得到了显著提高，为实现共同富裕提供了坚实的物质基础。

（二）优化产业结构、促进就业创业

新质生产力优化产业结构、促进就业创业的机制研究，也是一个涉及经济、社会和技术等多个领域的复杂议题。首先，新质生产力通过科技创新引领产业创新，从而优化产业结构。这种创新不仅体现在新兴产业的崛起，如互联网、智能制造、生物科技等，还体现在对传统产业的改造和升级。新质生产力推动传统产业向数字化、智能化、网络化方向转型，提高传统产业的效率和质量，使其焕发新的生机。其次，新质生产力的发展为就业市场创造了大量新兴岗位。随着新兴产业的快速发展，对于具备相应技能和知识的人才需求也大幅增加。同时，新质生产力也促进了传统产业的转型升级，使传统产业的就业结构发生了变化，对劳动者的技能提出了更高的要求。这种变化不仅为劳动者提供了更多的就业机会，也促进了劳动力市场的优化和升级。此外，新质生产力还促进了创业活动的繁荣。新质生产力的发展为创业者提供了更多的创业机会和创业空间。一方面，新兴产业的崛起为创业者提供了广阔的市场前景和无限的商业机会；另一方面，新质生产力也推动了创业环境的改善，为创业者提供了更好的政策支持和资源保障。然而，新质生产力优化产业结构、促进就业创业的过程也面临一些挑战。例如，如何培养适应新质生产力发展的高素质人才、如何完善就业创业服务体系、如何优化创新创业环境等。这些问题的解决需要政府、企业和社会各界的共同努力和配合。

新质生产力通过优化产业结构、创造新兴岗位和促进创业活动，为就业创业提供了强大的动力和支持。然而，这一过程也面临一些挑战，需要各方共同努力加以解决。随着新质生产力的不断发展，我们有理由相信未来产业结构将更加优化，就业创业市场将更加繁荣。新质生产力的发展推动了产业结构的优化升级，使经济发展更加多元化和均衡。新兴产业的崛起为更多人提供了就业机会和创业空间，使更多人能够分享经济发展的成果。同时，新质生产力也促进了传统产业的转型升级，提高了传统产业的竞争力和可持续发展能力，为共同富裕的实现提供了有力支撑。

（三）完善社会保障、增进社会福利

发展新质生产力与完善社会保障、增进社会福利之间的机制研究，涉及经济、社会和政策等多个层面。首先，新质生产力的发展推动了经济的快速增长和社会的进步。通过科技创新、产业升级和效率提升，新质生产力为经济提供了强大的动力，使社会财富得以快速积累。这种经济增长为完善社会保障和增进社会福利提供了物质基础，使政府有更多的财力用于改善民生，提高人民的生活水平。其次，新质生产力的发展对劳动力市场和就业结构产生了深远影响。随着新兴产业的兴起和传统产业的转型升级，就业市场发生了显著变化。新质生产力不仅创造了大量的就业机会，还提高了劳动者的技能和素质，使劳动力市场更加活跃和高效。这种变化有助于减少失业和贫困，为完善社会保障和增进社会福利创造了有利条件。最后，新质生产力的发展推动了社会结构的优化和升级。随着经济的增长和社会的进步，人们的收入水平和生活质量不断提高，对社会保障和福利制度的需求也日益增加。新质生产力的

发展使政府有能力满足这些需求，通过完善社会保障制度、提高福利待遇、扩大覆盖范围等方式，更好地保障人民的基本生活权益。此外，新质生产力的发展还促进了政策的创新和改革。政府在面对新质生产力带来的挑战和机遇时，需要不断调整和优化政策，以更好地适应经济社会发展的需求。这包括完善社会保障政策、加强福利制度的监管和评估、推动相关法律的制定和实施等。这些政策的创新和改革有助于构建一个更加公平、可持续的社会保障体系，增进人民的福祉。然而，完善社会保障和增进福利制度并非一蹴而就的过程，需要政府、企业和工会等社会各界的共同努力和配合。政府需要加大投入力度，提高社会保障和福利制度的覆盖面和保障水平；企业需要积极履行社会责任，为员工提供更好的福利待遇和发展机会；工会等社会各界也需要积极参与和支持社会保障与福利制度的改革和发展。

（四）适当缩小收入差距、促进社会公平和正义

发展新质生产力适当缩小收入差距、促进社会公平和正义的机制研究，涉及经济增长、资源分配、社会结构等

多个方面。首先，新质生产力以其高科技、高效能、高质量的特性，推动了经济的快速增长。这种增长不仅体现在总量的提升，更在于结构的优化和质量的改善。随着新兴产业的兴起和传统产业的转型升级，经济活力得到释放，就业机会大幅增加，从而有助于提高劳动者的收入水平。其次，新质生产力强调创新在经济发展中的核心作用，这促使了知识和技术在生产过程中的广泛应用。知识和技术的普及，使劳动者能够更容易掌握新的技能和知识，从而提高自身的劳动附加值，进一步增加收入。同时，新质生产力的发展也推动了教育、培训等公共服务的改善，使更多人能够享受到高质量的教育资源，提高自身素质和能力，为缩小收入差距打下基础。最后，新质生产力的发展有助于优化资源分配。通过市场机制和政策引导，新质生产力能够使资源更加高效地流向生产效率高、附加值大的领域和地区，从而提高整体经济效益。这种优化分配不仅有助于提升社会整体财富水平，也能够减少因资源分配不均而导致的收入差距。此外，新质生产力的发展还能够促进社会结构的优化。随着新兴产业的兴起和传统产业的转型，社会阶层结构也会发生相应的变化。这种变化有助于打破原有的阶层固化，使更多人有机会通过自身的努力改变命运，从而实现社会公平和正义。

发展新质生产力对于适当缩小收入差距、促进社会公平和正义具有重要意义。通过推动经济增长、优化资源分配、改善社会结构等多方面的努力，新质生产力有助于构建一个更加公正、和谐的社会。新质生产力的发展也注重社会公平和正义的实现。通过改善劳动条件、提高劳动者待遇、完善社会保障制度等方式，新质生产力缩小了贫富差距，保障了劳动者的合法权益。同时，新质生产力也推动了教育、医疗等公共服务的普及和优化，提高了人民的生活质量和社会福祉水平，为实现共同富裕提供了重要的社会条件。

三、实现共同富裕的工会作为

（一）共同富裕首先要体现在亿万劳动者身上

共同富裕是社会主义的本质要求，是中国式现代化的重要特征。工人阶级和广大劳动群众是社会财富的主要创造者，推动全体人民共同富裕取得更为明显的实质性进展，首先要体现在亿万劳动者身上。围绕构建和谐劳动关系、强化培训赋能职工成长、推动企业高质量发展助力职工腰包鼓起来、央企和民企在实现共同富裕中的作为、有效发挥工会桥梁纽带作用、实现物质生活与精神生活“两手抓”。各级工会必须认真贯彻习近平总书记关于工人阶级和工会工作的重要论述，深入落实中国工会十八大目标任务和2024年“559”工作部署安排，认真履行维权服务基本职责，重视维护新就业形态劳动者权益，持续解决职工群众急难愁盼问题，推动构建和谐劳动关系，在助力实现共同富裕中更好地发挥工会作用。

工会高度重视推进共同富裕的理由如下：首先，工会作为劳动者的代表，始终关注劳动者的权益和利益。而推进共同富裕意味着劳动者在单位时间内能够创造更多的价值，从而获得更高的劳动报酬和更好的工作条件。因此，工会积极推动强化职工思想政治引领与维护劳动领域政治安全，使工运时代主题与党的中心任务结合得更加紧密，不断推动工会系统服务中心大局的能动性与贡献率良性互促。其次，工会致力于提升职工的获得感、幸福感和安全感，这也是推进共同富裕的重要体现。通过加强维权服务，提高可达性和可得性，让劳动者在推进共同富裕的过程中感受到工会的温暖和支持。最后，工会还积极推动自身的改革和建设，朝着增“三性”、去“四化”方向持续深化，全力推动工会基层基础与工作方式方法协同优化。这有助于提升工会在推进共同富裕过程中的组织力和战斗力，更好地发挥其在维护职工权益、促进企业发展和社会进步中的积极作用。

（二）提升职工生活品质　助力实现共同富裕

2024 年 3 月，总工会界别向全国政协十四届二次会议提交界别提案《提升职工生活品质 助力实现共同富裕》，围绕党的二十大报告对扎实推进共同富裕、增进民生福祉、提高人民生活品质作出的重要部署，从稳定和扩大就业、加强工资分配调控、健全社会保障体系、提高劳动者素质四个方面提出建议。

当前，我国 8.8 亿劳动年龄人口中职工总数达 4.02 亿人，涉及家庭人口近 11 亿人，他们是促进共同富裕的重要力量，也是共享共同富裕成果的主体人群，但在就业稳定性、薪酬水平、权益维护等方面仍存在一些突出问题，主要表现在就业稳定性还需增强，薪酬收入仍有较大提升空间，社保覆盖率较低，工作生活压力较大。针对以上问题，提案建议，坚持就业优先政策，稳定和扩大就业。进一步强化就业优先政策，将就业工作成效纳入高质量评价体系，推动现代化产业体系与就业容量、人力资源协同发展。完善重点群体就业支持体系，帮扶困难人员就业。探索构建与数字经济相适应的创业带动就业、多渠道灵活就业的就业服务体系。加快建立以劳动经济权益为内容的中国特色社会责任体系，消除影响平等就业的不合理限制和就业歧视，使每名劳动者都有通过勤奋劳动实现自身发展的机会。同时，加强工资分配调控，缩小收入差距。包括健全工资合理增长机制，合理调整最低工资标准，完善创新要素参与分配机制，大力开展集体协商，提高知识、技术、劳动等要素报酬在初次分配中的比重；研究制定扩大中等收入群体、促进低收入群体增收相关措施，明确将技术工人、农民工、新就业形态劳动者等作为中等收入群体扩容主力，制定差别化收入分配激励政策；持续加强根治欠薪工作，做实农民工工资专户，督促企业及时足额拨付工资，严厉惩处恶意欠薪行为。提案提出，健全社会保障体系，满足多样化需求。要探索建立与数字经济相协调的社会保障制度，加快推进社保经办和管理的数字化改革，建立统一的社保公共服务平台，推动实现全国统筹；加快明晰新就业形态劳动者、灵活用工与用工方的社保交费责任，健全重大疾病医疗保险制度和长期护理保险制度；完善分层分类、城乡统筹的社会救助体系，切实兜住因病、因灾致贫等困难群众基本生活底线；支持企业建立社会责任指标体系，构建劳动关系和谐共赢、企业职工协同发展格局。同时，探索生产消费深度融合职工生活服务平台，发展人工智能及数字经济，以数字经济赋能共同富裕。提案呼吁，提高劳动者素质，培育壮大产业工人队伍。要大力弘扬劳模精神、劳动精神、工匠精神，进一步深化产业工人队伍建设改革，制定出台产业工人队伍建设法，健全面向劳动者的终身职业技能培训制度，构建以企业为主体、职业院校为基础、政府推动、社会支持的技能人才培养体系，建设一批职业教育的“985”、“211”和“双一流”院校。推动完善技术工人培养、使用、评价、考核机制，鼓励企业落实“新八级工”制度，畅通技能人才职业发展通道，推动全社会弘扬劳动光荣、技能宝贵、创造伟大的时代风尚。

（三）发布第三批提升职工生活品质试点单位名单

2024 年 1 月 2 日，全国总工会下发《关于发布第三批提升职工生活品质试点单位名单的通知》（以下简称《通知》），确定天津市滨海新区工会职工服务中心等 30 家单位、北京导航技术股份有限公司等 110 家企业（工业园区）为第三批提升职工生活品质全总试点单位。全国总工会对列入试点的工会帮扶中心安排引导性资金 50 万元、企业（工业园区）安排引导性资金 10 万元，用于培育创新帮扶服务职工项目。

《通知》强调，各级工会要统筹整合现有服务职工类经费和资源，配套列支专项经费，支持开展试点项目。积极探索旨在解决职工群众急难愁盼问题的帮扶服务项目的开发培育，创新困难帮扶、健康服务、生活福利、度假休闲、文体活动、素质提升等服务模式，建立职工服务供应链产业链价值链体系。要注重服务职工项目储备，建立提升职工生活品质项目库。《通知》指出，要持续推进“关爱职工公益伙伴计划”，注重联合关注工会工作、关注服务职工工作的公益慈善、爱心企业、志愿服务等公益伙伴，构建“工会帮扶中心 + 服务基地 + 公益伙伴 + 企业工会”的协同模式，为职工提供体系化、专业化、精准化服务。《通知》要求，各级工会要加强数字化平台管理、充分运用人工智能，进一步强化提升职工生活品质工作数字赋能，发现、响应和服务职工群众海量且多样化需求，对帮扶服务项目实施数字化管理，形成工作体系和标准化指标，建立服务职工智能化平台。

自 2021 年 9 月全国总工会部署开展提升职工生活品质工作以来，共计将 70 家工会帮扶中心和 260 家企业（工业园区）纳入全国总工会试点单位，安排 5600 万元专项资金予以支持。截至目前，31 个省（区、市）和新疆生产建设兵团总工会在全国总工会试点基础上全面推进开展各级工会提升职工生活品质试点工作，共计 1226 家工会帮扶中心、4265 家企业（工业园区）列入工会提升职工生活品质试点单位。

四、让职工在共富路上“不掉队”

习近平总书记强调：“实现共同富裕不仅是经济问题，而且是关系党的执政基础的重大政治问题。”这一重要论述，从全面建设社会主义现代化国家和夯实党的执政基础的战略高度，深刻阐明了推动实现全体人民共同富裕的重大意义。共同富裕既是社会主义最大的优越性，也是人民群众的共同期盼，实现共同富裕是中国共产党初心使命的重要体现。随着我国开启全面建设社会主义现代化国家新征程，必须把促进全体人民共同富裕摆在更加重要的位置，向着这个目标更加积极有为地不断前行。

以科技创新为例，新质生产力在推动共同富裕方面发挥了重要作用。科技创新不仅提高了生产效率和质量，也催生了新的产业和就业机会。例如，互联网、人工智能等技术的发展，推动了数字经济的崛起，为众多创业者提供了广阔的平台和机遇。同时，科技创新也促进了教育、医疗等领域的进步，提高了人民的生活质量和幸福感。这充分展示了新质生产力在促进共同富裕方面的积极作用。

新质生产力作为现代经济社会发展的重要驱动力，对实现共同富裕具有积极的推动作用。通过提高劳动生产率、优化产业结构、促进社会公平和正义等路径，新质生产力为共同富裕的实现提供了有力的支撑。未来，随着科技的持续进步和新质生产力的深入发展，共同富裕的实现将更加具有可行性和可持续性。因此，我们应该进一步加强对新质生产力的研究和应用，充分发挥其在实现共同富裕方面的积极作用，为构建更加公正、公平、和谐的社会贡献力量。

聚焦高质量发展这个首要任务，着力培育新质生产力，工会要用心用情做好维权服务工作，在扎实推进共同富裕中发挥工会组织作用。坚持以职工为中心的工作导向，认真履行维权服务基本职责，推动解决职工群众关心的劳动就业、技能培训、收入分配、社会保障、安全卫生等问题，努力实现好、维护好、发展好职工群众的根本利益。突出做好新就业形态劳动者维权服务工作，完善协商协调机制，推动平台企业合法规范用工。巩固城市困难职工解困脱困成果，与提高职工生活品质有效衔接，推动改革发展成果更多地惠及广大职工群众。扎实做好工会农民工服务工作，推动在城镇就业的农民工就业更稳定、权益保障更充分、享受公共服务更便捷。加强企事业单位民主管理，健全协调劳动关系三方机制，推动政府与同级工会联席会议制度规范化、常态化，畅通职工诉求表达渠道，引导职工群众依法理性有序地表达利益诉求、维护自身权益，积极推动构建和谐劳动关系。加快构建以精准帮扶和普惠性服务为重点的工会服务职工体系，叫响做实工会送温暖、送清凉、金秋助学、职工医疗互助等工作品牌，积极推进职工服务阵地建设，加强和规范工会户外劳动者服务站点建设，以实际行动把习近平总书记和党中央的关心关怀送到职工群众的心坎上。

| 第八章 |

锻造适应新质生产力的工会干部能力

2024 年 3 月 7 日，习近平总书记出席十四届全国人大二次会议解放军和武警部队代表团全体会议时指出：“党的十八大以来，我们统筹推进战略性新兴产业和新型作战力量发展，取得一系列重大成果。党的二十大后，党中央从推动高质量发展全局出发，明确提出加快发展新质生产力。这为新兴领域战略能力建设提供了难得机遇。”发展新质生产力，是以习近平同志为核心的党中央着眼加快推动高质量发展这一首要任务提出的重大战略举措。随着新质生产力的不断发展，整个社会的技能素质、企业形态、劳动关系等都将发生深刻变化，人工智能等新技术的应用将对职工队伍结构产生较大冲击。各级工会干部要积极提高政治站位，切实把思想和行动统一到习近平总书记重要指示精神和党中央决策部署上来，找准工作结合点、切入点、着力点，深入学习研讨，进一步提出新思路、新举措，不断丰富完善，组织动员亿万职工群众热情拥抱新质生产力，锻造适应生产力跃迁的“新质”能力。

一、提高工会干部的政策理论素养

发展新质生产力既是经济建设，又是政治建设。只有不断提高各级工会干部的政策和理论素养，才能更好地服务于新时代的中国式现代化建设，确保方向不走偏。提升政策理论素养有助于更好地理解和把握新质生产力的科学内涵和发展要求，从而推动新质生产力的快速发展。同时，发展新质生产力也对工会干部的政策理论素养提出了更高的要求，需要工会干部不断学习和掌握新知识、新技能，以适应新质生产力的发展需求。由于新质生产力是创新起主导作用，摆脱传统经济增长方式、生产力发展路径，具有高科技、高效能、高质量特征，符合新发展理念的先进生产力质态，工会干部作为推动经济社会发展的重要力量，需要具备较高的政策理论素养，以更好地履行职责和发挥作用。

（一）进一步提升理论素养

随着社会的快速发展和变革，工会干部需要不断适应新形势、新任务，提升自身理论素养，从而更好地服务于广大职工群众。首先，工会干部应深入学习和掌握马克思主义基本原理和中国特色社会主义理论体系，特别是习近平新时代中国特色社会主义思想。这是提高理论素养的基础和前提。通过系统学习，工会干部能够深刻理解党的路线、方针、政策，把握中国式现代化—高质量发展—新质生产力的时代发展脉搏和脉络，为工会工作提供科学指导。其次，工会干部应关注新时代的新思想、新观点、新论断。新时代背景下，党的理论创新成果不断涌现，工会干部需要时刻保持学习的热情和敏锐性，及时跟进党的最新理论成果，不断丰富自己的理论武装。最后，工会干部还应注重理论与实践相结合。理论学习不仅是书本知识的积累，更重要的是将理论知识转化为解决实际问题的能力。工会干部要善于运用所学理论知识分析工会工作中的实际问题，提出切实可行的解决方案，推动工会工作的创新发展。此外，加强思想政治教育和党性教育也是提高工会干部理论素养的重要途径。要通过定期开展思想政治教育活动，引导工会干部坚定理想信念，确保工会工作始终沿着正确的方向前进。

（二）进一步提升政策素养

工会干部作为党联系职工群众的桥梁和纽带，其政策素养的提升直接关系到工会工作的质量和效果。首先，工会干部应深入学习党的路线、方针、政策，特别是与工会工作密切相关的政策文件。通过系统学习，工会干部要全面理解政策的内涵、精神实质和具体要求，确保在政策执行过程中不走偏、不变形。其次，工会干部应关注政策的发展动态和趋势，及时了解政策调整的背景、目的和意义。中国式现代化是最大的政治、高质量发展是首要任务、新质生产力发展是内在要求，这要求工会干部具备敏锐的政策嗅觉，能够迅速把握政策变化，为工会工作提供及时、准确的政策指导。要通过不断加强政策理论的学习和研究，提高政策的分析和解读能力，为解决实际问题提供有力的政策支撑。此外，实践锻炼也是提高工会干部政策素养的重要途径。工会干部应积极参与到政策执行和实践中，通过亲身体验和实际操作，加深对政策的理解和把握。

二、提升工会干部的业务能力和专业技能

发展新质生产力必须进一步塑造工会干部的业务能力和专业技能，跟上科技进步的时代步伐。工会干部业务能力、专业技能的提升有助于更好地理解和把握新质生产力的科学内涵与发展要求，从而促进新质生产力的发展。同时，发展新质生产力也对工会干部的业务能力和专业技能提出了更高的要求，需要工会干部不断学习和掌握新知识、新技能，以适应新质生产力的发展需求。

（一）进一步提升业务能力

一要加强业务知识学习，夯实理论基础。工会干部应系统学习工会工作的基本理论、基本知识和基本技能，深入理解工会工作的性质、任务、职责和权益保障等。通过参加业务培训、研讨会、讲座等活动，不断更新知识，提升业务水平。二要注重实践锻炼，提升实际操作能力。实践是检验真理的唯一标准。工会干部应积极投身到工会工作的实践中，通过参与组织活动、调解劳动争议、维护职工权益等实际工作，不断积累经验，提升实际操作能力。

要积极从实践中总结经验和教训，不断完善工作方法，提高工作效率。三要强化沟通协调能力，构建和谐劳动关系。工会干部作为职工群众的代表，需要具备良好的沟通协调能力。要学会与不同部门、不同群体进行有效沟通，协调解决各种矛盾和问题。通过加强沟通技巧的学习和实践，提高工会干部在调解劳动争议、处理职工诉求等方面的能力，构建和谐劳动关系。四要培养创新意识和创新能力，推动工会工作创新发展。新时代工会工作面临许多新挑战和新机遇，需要工会干部具备创新意识和创新能力。要鼓励工会干部敢于尝试新方法、新思路，勇于突破传统模式，推动工会工作创新发展。通过举办创新大赛、征集创新点子等活动，激发工会干部的创新热情，挖掘创新潜力。五要建立健全业务能力培养机制，促进持续发展。工会组织应建立健全业务能力培养机制，为工会干部提供持续学习和发展的平台。例如，可以制订业务培训计划，定期组织业务培训活动；建立业务考核体系，对工会干部的业务能力进行定期评估；设立业务奖励机制，对在业务工作中表现突出的工会干部给予表彰和奖励等。

（二）进一步提升专业技能

一是加强专业培训，提升理论素养。针对工会工作的特点和需求，定期举办专业培训课程，邀请专家学者授课，帮助工会干部系统掌握工会工作的基本理论和专业知识。同时，鼓励工会干部利用业余时间自学，不断更新知识，提高专业素养。二是注重实践锻炼，提升实操能力。工会干部需要具备一定的实践经验，才能更好地应对实际工作中遇到的问题。因此，要鼓励工会干部积极参与工会工作实践，通过实际操作，掌握工会工作的基本技能和方法。同时，要组织工会干部开展交流学习活动，分享工作经验，相互学习，共同提高。三是加强团队建设，提升协作能力。工会工作需要团队合作，需要工会干部之间相互配合、相互支持。因此，要加强工会干部团队建设，通过团队建设活动，增强团队凝聚力和协作能力。通过建立良好的沟通机制，确保工会干部之间能够顺畅沟通，及时解决问题。四是鼓励创新实践，提升创新能力。新时代工会工作面临着新的挑战和机遇，需要工会干部具备创新意识和创新能力。因此，要鼓励工会干部勇于尝试新的工作方法和思路，积极开展创新实践。要建立健全创新激励机制，对在创新工作中取得突出成绩的工会干部给予表彰和奖励。五是建立健全考核评价体系，促进专业技能提升。要建立科学、合理的考核评价体系，对工会干部的专业技能进行定期考核和评价。通过考核评价结果，及时发现工会干部在专业技能方面存在的不足，并制订相应的培训计划，帮助工会干部不断提升专业技能水平。

三、锻炼工会干部的组织协调能力和沟通能力

发展新质生产力，更加考验各级工会干部的组织协调能力和沟通能力。优秀的组织协调能力，能够帮助工会干部组织和开展各类工会活动，有效调动广大职工的积极性，促进企业与职工之间的和谐关系，从而推动广大职工为发展新质生产力积极作为。同时，工会干部还需要具备良好的沟通能力，能够与企业领导、职工代表等各方进行有效沟通，解决工作中的问题和矛盾，维护职工的合法权益，为发展新质生产力提供稳定的社会环境。

（一）进一步提升组织协调能力

全面提高工会干部的组织协调能力，是工会工作高效运转和有效服务职工的重要保障。随着工会工作的日益复杂化和多样化，对工会干部的组织协调能力提出了更高要求。一要加强理论学习，提升组织协调的理论素养。工会干部应深入学习组织协调相关的理论知识，包括组织行为学、管理学、心理学等，掌握组织协调的基本原理和方法。通过参加培训、研讨会、读书学习等活动，不断更新知识，提高组织协调的理论素养。二要注重实践锻炼，提升组织协调的实际操作能力。实践是提升组织协调能力的关键。工会干部应积极投身于工会工作的实践，通过参与组织活动、协调各方资源、解决实际问题等，不断积累实践经验，提升组织协调的实际操作能力。三要加强沟通与协作，形成良好的工作关系。组织协调能力的一个重要方面就是沟通与协作能力。工会干部应加强同各方面的沟通与协作，包括同上级部门、同级部门、下级部门以及职工群众的沟通与协作。通过建立良好的工作关系，形成工作合力，推动工会工作的顺利开展。四要培养创新思维，提高组织协调的灵活性。新时代工会工作面临着许多新挑战和新机遇，需要工会干部具备创新思维和创新能力。在组织协调工作中，工会干部应敢于尝试新的方法和思路，善于运用新技术、新手段来提高组织协调的效率和效果。

（二）进一步提升沟通能力

积极提高工会干部的沟通能力不仅关系到工会工作的顺利开展，也直接影响到工会与职工之间的紧密联系。一要强化沟通意识，提升沟通主动性。工会干部应充分认识到沟通的重要性，树立沟通意识，并主动开展沟通工作。通过主动与职工交流、倾听职工的意见和建议，增进彼此的了解和信任，为工会工作奠定坚实的基础。二要学习沟通技巧，提高沟通效果。工会干部应学习并掌握有效的沟通技巧，如倾听技巧、表达技巧、反馈技巧等。在沟通过程中，要学会倾听职工的需求和想法，理解职工的真实意图，同时用清晰、准确的语言表达自己的观点和意见，确保信息传达的准确性和有效性。三要加强情感交流，建立良好关系。情感交流是沟通的重要组成部分。工会干部在与职工沟通时，应注重情感投入，用真诚的态度和温暖的话语与职工交流，让职工感受到工会的关心和关怀。通过情感交流，可以拉近工会与职工之间的距离，增强彼此之间的信任和亲近感。四要注重文化差异，实现跨文化沟通。在新时代，工会干部面临着与不同文化背景职工沟通的挑战。因此，工会干部应了解并尊重不同文化背景下的沟通方式和习惯，避免因文化差异而造成的沟通障碍。同时，要学会运用跨文化沟通的技巧和方法，与不同文化背景的职工进行有效沟通。五要开展沟通培训，提升整体沟通水平。工会组织可以定期开展沟通培训活动，邀请专业讲师为工会干部传授沟通知识和技巧。通过培训，可以帮助工会干部系统地掌握沟通理论和实践方法，提升整体沟通水平。六要建立反馈机制，不断优化沟通方式。工会应建立有效的沟通反馈机制，及时收集职工对工会干部沟通工作的反馈意见，了解沟通中存在的问题和不足。根据反馈结果，工会干部可以有针对性地改进沟通方式和方法，提高沟通效果。

四、如何塑造工会干部的创新意识和实践能力

新质生产力发展的关键在于创新，各级工会干部需要有扎实落实和同频共振的能力。良好的创新意识和实践能力有助于工会干部更好地理解和把握新质生产力的科学内涵与发展要求，从而推动新质生产力的快速发展。同时，发展新质生产力也对工会干部的创新意识和实践能力提出了更高的要求，需要工会干部不断学习和掌握新知识、新技能，积极落实“五化”特别是创新化、数智化的要求，以适应新质生产力的发展需求。

（一）积极提升创新意识

随着社会的快速发展和变革，工会工作面临着许多新的挑战和机遇，需要工会干部具备强烈的创新意识和创新能力。一要深化理论学习，拓宽创新视野。工会干部应深入学习新时代工会工作的新理念、新思想和新要求，了解工会工作的发展趋势和未来方向，不断更新知识，拓宽创新视野，为创新工作提供理论支撑和思维启迪。二要关注实践创新，积累创新经验。实践是创新的源泉。工会干部

应积极参与工会工作的实践活动，关注工作中的新情况、新问题，勇于尝试新的方法和思路，不断积累创新经验。通过实践创新，工会干部可以更加深入地了解职工的需求和期望，发现工作中的不足和短板，为创新工作提供实践基础。三要加强团队协作，激发创新活力。创新需要团队协作和集体智慧。工会干部应加强与其他工会干部、职工代表等的沟通和协作，形成创新合力。通过集思广益、共同讨论、互相学习等方式，激发创新活力，推动工会工作的创新发展。四要培养创新思维，提升创新能力。创新思维是创新能力的核心。工会干部应培养自己的创新思维，善于从不同角度、不同层面思考问题，勇于提出新的见解和想法。同时，工会干部还应提升自己的创新能力，包括问题解决能力、组织协调能力、资源整合能力等，为创新工作提供有力支撑。

（二）不断加强实践能力

新时代全面提高工会干部的实践能力，对于推动工会工作的创新发展、更好地服务职工群众具有重要意义。一要加强实践锻炼，积累实践经验。工会干部应积极投身于工会工作的实践，通过实际操作和亲身体验，深入了解工会工作的实际情况和问题。可以参与组织各类活动、处理职工矛盾纠纷、开展调查研究等，不断积累实践经验，提高自己的实践能力。二要注重专业培训，提升业务素养。工会干部需要掌握一定的专业知识和业务技能，才能更好地履行自己的职责。因此，应定期组织专业培训和学习活动，帮助工会干部掌握工会工作的基本理论、法律法规、政策文件等，提高其业务素养和实践能力。三要强化案例分析，学习成功做法。特别是通过对工会工作中促进新质生产力发展的典型案例进行深入分析和学习，工会干部可以从中吸取经验教训，学习成功做法。同时，也可以结合自己的工作实际，思考如何将这些成功做法应用到具体工作中，从而提高工作效果。四要加强团队合作，发挥集体优势。工会工作往往需要多人协作，共同完成。因此，工会干部应注重加强团队合作，与同事之间保持良好的沟通和协作关系，共同解决问题、推进工作。通过团队合作，可以发挥集体优势，提高整体实践能力。五要鼓励创新思维，勇于探索实践。创新是推动工会工作发展的重要动力。

工会干部应具备创新的思维和勇于探索的精神，敢于尝试新的方法和思路，不断推陈出新。

锻造适应新质生产力的工会干部能力是一个系统工程，需要多方面的努力和协作。通过不断提升工会干部的政策理论素养、业务能力和专业技能、组织协调能力和沟通能力以及创新意识和实践能力等方面的能力和素质，可以逐步建立起一支高素质、专业化的工会干部队伍，为新质生产力的发展提供有力的组织保障和人才支撑。

参考文献

［1］习近平．习近平著作选读（第一卷）［M］．北京：人民出版社，2023．

［2］习近平．习近平著作选读（第二卷）［M］．北京：人民出版社，2023．

［3］中共中央党史和文献研究院．习近平关于工人阶级和工会工作论述摘编［M］．北京：中央文献出版社，2023．

［4］洪银兴．中国特色社会主义政治经济学重大理论问题研究［M］．南京：江苏人民出版社，2017．

［5］何爱平，李雪娇，彭硕毅．新时代中国特色社会主义政治经济学的创新发展研究［M］．北京：人民出版社，2018．

［6］杨宜勇．中国社会治理如何开启现代化［M］．北京：人民出版社，2021．

［7］黄群慧．读懂新质生产力［M］．北京：中信出版集团，2024．

［8］张占斌，陈晓红，黄群慧，等．新质生产力［M］．长沙：湖南人民出版社，2024．

［9］王阳，杨宜勇．大国就业：结构性失衡与应对之道［M］．北京：中国工人出版社，2022．

［10］刘海波．中国劳动报酬与劳动生产率同步增长研究［M］．北京：经济科学出版社，2020．

［11］程延园．劳动关系（第四版）［M］．北京：中国人民大学出版社，2016．

［12］杨宜勇，吴香雪，等．全面建成小康社会奋斗史（全面建成小康社会丛书）［M］．北京：人民出版社，2020．

［13］杨宜勇．守正创新：如何构建高标准市场体系［M］．北京：中国市场出版社，2022．

［14］刘海军．当代中国工人阶级状况变化研究（1978—2020）［M］．北京：中国工人出版社，2021．

图书在版编目（CIP）数据

和工会干部谈谈新质生产力 / 黄燕芬，杨宜勇著. —北京：
中国工人出版社，2024.4
ISBN 978-7-5008-8450-7

Ⅰ. ①和… Ⅱ. ①黄… ②杨… Ⅲ. ①生产力—发展—研究—中国
Ⅳ. ①F120.2

中国国家版本馆CIP数据核字（2024）第071055号

和工会干部谈谈新质生产力

出 版 人	董 宽
责任编辑	罗荣波 王晨轩
责任校对	张 彦
责任印制	栾征宇
出版发行	中国工人出版社
地 址	北京市东城区鼓楼外大街45号 邮编：100120
网 址	http://www.wp-china.com
电 话	（010）62005043（总编室）
	（010）62005039（印制管理中心）
	（010）62382916（工会与劳动关系分社）
发行热线	（010）82029051 62383056
经 销	各地书店
印 刷	天津中印联印务有限公司
开 本	880毫米×1230毫米 1/32
印 张	6.125
字 数	90千字
版 次	2024年5月第1版 2024年10月第3次印刷
定 价	38.00元

本书如有破损、缺页、装订错误，请与本社印制管理中心联系更换